Wertsteigerung erfolgreicher Unternehmen durch Desinvestition und Abspaltung

Bibliografische Information der Deutschen Nationalbibliothek:

Die Deutsche Nationalbibliothek verzeichnet diese Publikation in der Deutschen Nationalbibliografie; detaillierte bibliografische Daten sind im Internet über http://dnb.d-nb.de abrufbar.

Impressum:

Copyright © EconoBooks 2018

Ein Imprint der GRIN Publishing GmbH, München

Druck und Bindung: Books on Demand GmbH, Norderstedt, Germany

Coverbild: GRIN Publishing GmbH

Inhaltsverzeichnis

Abkürzungsverzeichnis V

Abbildungsverzeichnis VI

Tabellenverzeichnis VII

1 Einführung 1

    1.1 Motivation und Zielsetzung 1

    1.2 Aufbau der Arbeit 2

2 Begriffsdefinitionen und Abgrenzungen 4

    2.1 Definition von Desinvestitionen 4

    2.2 Motive von Desinvestitionen 4

    2.3 Desinvestitionsinstrumente 7

    2.4 Shareholder Value als Maßstab der Wertsteigerung 13

3 Diversifikation 16

    3.1 Synergieeffekte 16

    3.2 Marktmachtsteigerung 17

    3.3 Weitere Wertquellen 18

    3.4 Der Diversifikationsabschlag 18

4 Theoretische Erklärungsansätze zur Wertsteigerung durch Desinvestitionen .. 22

    4.1 Prinzipal-Agent-Theorie 22

    4.2 Informationshypothese 31

    4.3 Managementeffizienzhypothese 32

    4.4 Signalingeffekte 34

    4.5 Auflösung von Dyssynergien 36

    4.6 Werttransferhypothese 40

5 Wahl des Desinvestitionsinstrumentes 42

6 Empirische Befunde 46

7 Schlussbetrachtung 55

Literaturverzeichnis 57

Abkürzungsverzeichnis

AG	Aktiengesellschaft
aktual.	aktualisiert(e)
Bd.	Band
bearb.	bearbeitet(e)
bzw.	beziehungsweise
CAPM	Capital Asset Pricing Model
CFROI	Cash Flow Return on Investment
CAAR	Cumulative Average Abnormal Return
CVA	Cash Value Added
erw.	erweitert(e)
etc.	et cetera
EVA	Economic Value Added
Hrsg.	Herausgeber
i.d.R.	in der Regel
IPO	Initial Public Offering
M&A	Mergers & Acquisitions
S.	Seite(n)
u.a.	unter anderem
überarb.	überarbeitet(e)
usw.	und so weiter
U.S.	United States
USA	United States of America
Vol.	Jahrgang
vollst.	vollständig
z.B.	zum Beispiel

Abbildungsverzeichnis

Abbildung 1: Grundstruktur des Sell-offs 8

Abbildung 2: Grundstruktur des Spin-offs 9

Abbildung 3: Grundstruktur des Equity Carve-Outs 11

Abbildung 4: Grundstruktur eines Tracking Stocks 13

Abbildung 5: Prinzipal-Agent-Beziehungen im Konzern 24

Abbildung 6: Economies and Diseconomies of Scale 37

Abbildung 7: Kriterien zur Auswahl des Desinvestitionsinstrumentes 45

Abbildung 8: Vorgehensweise bei Ereignisstudien 47

Abbildung 9: Entwicklung von Spin-offs am US-Aktienmarkt 54

Tabellenverzeichnis

Tabelle 1: Empirische Ergebnisse zu Equity Carve-Outs in den USA 48

Tabelle 2: Empirische Ergebnisse zu Spin-Offs in den USA 49

Tabelle 3: Empirische Ergebnisse zu Sell-Offs in den USA 50

Tabelle 4: Empirische Ergebnisse zu Equity Carve-Outs in Deutschland 51

Tabelle 5: Empirische Ergebnisse zu Spin-Offs in Deutschland 51

Tabelle 6: Empirische Ergebnisse zu Sell-Offs in Deutschland 52

1 Einführung

1.1 Motivation und Zielsetzung

Lange Zeit standen Mergers and Acquisitions im Fokus des unternehmerischen Handelns, mit dem Ziel, das unternehmerische Risiko zu minimieren und eine Effizienzsteigerung mit Hilfe von Synergieeffekten zu erreichen. Desinvestitionen wurden hingegen kaum Beachtung geschenkt und vielmehr als Eingeständnisse von Fehlentscheidungen bzw. als Sanierungsmaßnahmen in Krisensituationen interpretiert.[1] Heutzutage agieren die Konzerne jedoch in einem Umfeld, welches durch die zunehmende Globalisierung und einem kontinuierlichen Wandel geprägt ist. Diese veränderten Rahmenbedingungen könnten auf eine gegenläufige Entwicklung weg von großen unflexiblen Konglomeraten hin zu agilen und fokussierten Unternehmen hindeuten.[2]

Mit Blick auf den deutschen Kapitalmarkt waren in den letzten Jahren viele Desinvestitionen bei großen Konzernen zu beobachten - als aktuellstes Beispiel wäre der Börsengang von Traton zu nennen, der Bus- und LKW-Sparte des Volkswagen-Konzerns. Auch aktivistische Investoren fordern häufig eine Desinvestition bzw. Unternehmensaufspaltung. So verlangt beispielsweise Elliott Management die Zerschlagung von Thyssenkrupp und Abspaltung der profitablen Aufzugssparte[3] und auch bei Scout24 fordert der Investor das Management dazu auf, das Portal Autoscout24 abzuspalten. Laut Elliott sorge die Abspaltung „für eine ‚stärkere Fokussierung' und eine ‚signifikante Wertschöpfung' für die Aktionäre."[4]

Am deutlichsten wird der Trend der Unternehmensabspaltung jedoch an dem traditionellen Konglomerat Siemens. Nach der Abspaltung der Mikrochipsparte Infineon im Jahr 2000, dem Beleuchtungsgeschäft Osram im Jahr 2013 und der Medizintechniksparte Siemens Healthineers im Jahr 2018 will sich Siemens im kommenden Jahr (2020) auch noch von seiner Energiesparte trennen. Im Rah-

---

[1] Vgl. Perreiro Méndez (2003), S. 1.

[2] Vgl. Röhl (2018), S. 97.

[3] Vgl. Bücker (2019), S. 1. Thyssenkrupp treibt aktuell die Pläne für den Börsengang der Aufzugsspart voran, prüft aber auch Kaufangebote von möglichen Interessenten.

[4] Landgraf/Kerkmann (2019), S. 3.

men der „Vision 2020(+)" will Siemens-Chef Joe Kaeser dadurch „Werte schaffen".[5]

Ziel dieser Arbeit ist es, die verschiedenen Instrumente und Motive von Desinvestitionen aufzuzeigen und herauszuarbeiten, ob und inwiefern Desinvestitionen „Werte schaffen". Gegenstand dieser Arbeit ist somit insbesondere die Fragestellung, inwieweit eine Desinvestition zu einer Unternehmenswertsteigerung beitragen kann und ob die theoretischen Erklärungsansätze auch empirisch anhand vorherrschender Ereignisstudien bestätigt werden können.

1.2 Aufbau der Arbeit

Zunächst wird in Kapitel 2 zum Zwecke der vorliegenden Arbeit für die Begrifflichkeit der „Desinvestition" eine genauere Eingrenzung und Definition vorgenommen. Anschließend werden die verschiedenen Motive für Desinvestitionen im Detail erläutert und die zur Verfügung stehenden Instrumente anhand eines Beispiels verdeutlicht. Danach wird der Shareholder Value als Maßstab zur Unternehmenswertsteigerung vorgestellt.

Im dritten Abschnitt werden die Wertsteigerungspotentiale bzw. Vorteile einer Diversifikation erläutert, da diese durch eine Desinvestition eliminiert werden und somit im Konflikt mit der zu untersuchenden Unternehmenswertsteigerung stehen. Im Anschluss wird der so genannte Diversifikationsabschlag beleuchtet, der wiederum für eine Desinvestition spricht.

Im vierten Teil der Arbeit werden die theoretischen Erklärungsansätze diskutiert, welche zur Erklärung einer Unternehmenswertsteigerung durch Desinvestition herangezogen werden können. Dabei werden insbesondere die Prinzipal-Agent-Beziehungen auf beiden Ebenen, sowie die die Ineffizienzen eines internen Kapitalmarktes und weitere Wertsteigerungshypothesen erörtert.

In Kapitel 5 werden Kriterien zur situationsbedingten Auswahl eines geeigneten Desinvestitionsinstrumentes aufgezeigt, da sich diese in ihren Charakteristika durchaus unterscheiden.

Im sechsten Abschnitt wird zunächst die Vorgehensweise bei einer Ereignisstudie erläutert und anschließend werden die vorherrschenden empirischen Ergebnisse der Ereignisstudien zu den einzelnen Desinvestitionsinstrumenten sowohl in den

---

[5]   Vgl. Köhn (URL), S. 2.

USA als auch in Deutschland vorgestellt. Abschließend werden zwei Meta-Analysen und die daraus ableitbaren Erkenntnisse sowie die Performance von Spin-offs dargestellt.

Die Zusammenfassung der Ergebnisse dieser Arbeit erfolgt in Kapitel 7.

2 Begriffsdefinitionen und Abgrenzungen

2.1 Definition von Desinvestitionen

Desinvestitionen sind eine Unterform der Restrukturierung, die im weitesten Sinne durchgeführt werden, um sich an veränderte wirtschaftliche Gegebenheiten anzupassen (reaktive Sichtweise) oder um strategisch langfristige Erfolgspotentiale zu schaffen (proaktive Sichtweise).[6]

Aus terminologischer Sicht liegt es nahe, dass es sich bei einer Desinvestition um das Gegenstück einer Investition handelt, also die Freisetzung bzw. Rückgewinnung der in Vermögensgegengeständen gebundenen finanziellen Mittel.[7]

Der Fokus dieser Arbeit liegt jedoch auf der Ausgliederung von ganzen Unternehmensteilen, die anschließend auch weitergeführt werden sollen. Der Verkauf einzelner Vermögensgegenstände, sowie die Stilllegung bzw. Liquidation ist nicht Teil der Arbeit. Zudem muss das desinvestierende Unternehmen vor der Transaktion einen kontrollierenden Anteil von über 50 Prozent am Desinvestitionsobjekt besitzen.[8] Im Rahmen dieser Arbeit wird die Desinvestition deshalb, in Anlehnung an Bartsch, definiert als „das Herauslösen einer klar abgrenzbaren, wirtschaftlich im Kontrollbesitz befindlichen Einheit aus dem Gesamtgefüge einer Unternehmung durch Übertragung von Eigentumsanteilen oder Aktiva an Dritte, wobei stets ein aktives Rumpfgebilde bestehen bleibt."[9]

2.2 Motive von Desinvestitionen

Grundsätzlich lassen sich Desinvestitionen in zwei Motive einteilen: freiwillige und unfreiwillige (erzwungene) Desinvestitionen. Erstere sind wiederum in proaktive und reaktive Desinvestitionen zu unterteilen. Während bei proaktiven Desinvestitionen kein akuter Handlungsbedarf besteht, stehen Konzerne bei reaktiven Desinvestitionen unter deutlichem Handlungszwang. Da bei letzterem eine Entscheidung oftmals unausweichlich und der Zeitdruck entsprechend hoch ist,

---

[6] Vgl. Rechsteiner (1995), S. 26-27.

[7] Vgl. Bartsch (2005), S. 28.

[8] Vgl. Rechsteiner (1995), S. 17.

[9] Bartsch (2005), S. 28.

ist die Verhandlungsposition bei reaktiven Desinvestitionen schlechter als bei proaktiven Desinvestitionen.[10]

2.2.1 Freiwillige Desinvestitionen

2.2.1.1 Konzentration auf die Kerngeschäfte

Die Konzentration des Konzerns auf die Kerngeschäfte erfolgt oft im Rahmen einer strategischen Portfoliooptimierung, bei der beispielsweise strategische Misfits abgebaut werden oder eine höhere Agilität angestrebt wird.[11]

Auch werden Unternehmensteile abgestoßen, in denen die innerhalb des Unternehmens erzielte Leistung im Vergleich zu anderen Firmen bloß gleichwertig oder schlechter ist. Unternehmensteile sollten also ihr Wertmaximum innerhalb des Konzerns erzielen - andernfalls ist eine Desinvestition zu erwägen, sofern dieser Teil für Dritte einen höheren Wert darstellt.[12]

Zudem sind durch die Fokussierung und Eliminierung von negativen Synergieeffekten zwischen dem Konzern und dem Desinvestitionsobjekt positive Auswirkungen auf die Performance des verbleibenden Konzerns zu erwarten.[13]

Werden im Rahmen einer Akquisition Unternehmensteile erworben, die nicht in das strategische Kernportfolio des Erwerbers passen, können auch diese im Anschluss wieder abgestoßen werden.[14] In diesem Fall wird oft von einem Demerger gesprochen.[15]

2.2.1.2 Trennung von einem unrentablen Unternehmensteil

Ein weiteres Motiv für eine Desinvestition kann die Trennung von verlustbringenden Unternehmensteilen sein. So führt ein wirtschaftliches Defizit eines Unternehmensbereichs dazu, dass andere Bereiche zur Erreichung der Kernziele einen Mehrbeitrag erbringen müssen. Um die wirtschaftliche Situation des Kon-

---

[10] Vgl. Rechsteiner (1995), S. 36-37.
[11] Vgl. Achleitner/Wahl (2003), S. 94-95; Röhl (2018), S. 107-111.
[12] Vgl. Hite/Owers/Rogers (1987), S. 232-233.
[13] Vgl. John/Ofek (1995), S. 106.
[14] Vgl. Wirtz (2006), S. 1169.
[15] Vgl. Röhl (2018), S. 99.

zerns zu steigern, ist es sinnvoll, Unternehmensbereiche zu desinvestieren, die eine Kapitalrentabilität unterhalb der Kapitalkosten erwirtschaften.[16]

Die Trennung von einem unprofitablen Unternehmensteil kann darüber hinaus die Agenturkosten reduzieren, da die betroffenen Bereichsmanager keine negativen Beeinflussungskosten mehr verursachen.[17]

Ebenso können auch negative Zukunftsaussichten eines Unternehmensbereichs zu einer Desinvestition führen, wenngleich dieser in der jetzigen Periode noch gewinnbringend ist. Sind beispielsweise Produkte eines Geschäftsbereiches am Ende des Lebenszyklus angekommen und eine Fortführung unwirtschaftlich, können die durch die Desinvestition freigesetzten Mittel in aussichtsreichere Geschäftsbereiche investiert werden.[18]

Ferner können konkurrenz- bzw. marktbedingte Motive wie Kostenvorteile der Wettbewerber, bessere Substitutionsprodukte oder ein genereller Marktrückgang Auslöser für eine Desinvestition sein.[19]

2.2.1.3 Finanzmittelbeschaffung

Oftmals ist die Beschaffung von liquiden Mitteln ein weiteres Motiv für Desinvestitionen. Diese werden zum Abbau von bestehenden Verbindlichkeiten oder zur Durchführung von strategischen Investitionen bei fehlenden bzw. knappen finanziellen Ressourcen verwendet. Desinvestitionen sind somit auch eine Alternative zur Kapitalerhöhung oder zur Aufnahme von neuem Fremdkapital.[20] Ist ein Unternehmen in eine finanzielle Notlage geraten, kann es zudem mit Hilfe einer Desinvestition entsprechende Liquiditätsengpässe vermeiden oder etwa eine Insolvenz abwenden.[21]

2.2.1.4 Höhere Kapitalmarktbewertung

Mit der Desinvestition eines Unternehmensteils erwarten viele Konzerne eine höhere Kapitalmarktbewertung, denn es wird davon ausgegangen, dass einfach strukturierte Unternehmen höher bewertet werden bzw. mehr wert sind als

---

[16] Vgl. Böllhoff/Brast (2009), S. 350-353; Charifzadeh (2002), S. 190.

[17] Vgl. Meyer/Milgrom/Roberts (1992), S. 15.

[18] Vgl. Defren (2009), S. 10-11.

[19] Vgl. ebenda.

[20] Vgl. Hite et al. (1987); S. 230-231. Lang/Poulsen/Stulz (1995), S. 5-7.

[21] Vgl. Achleitner/Wahl (2003), S. 102.

komplex strukturierte Konzerne mit mehreren Geschäftsbereichen. Das Herauslösen eines Unternehmensteils aus dem Konzernverbund sollte demnach zu einer Wertsteigerung führen. Darüber hinaus lassen sich mögliche feindliche Übernahmeversuche mit einer höheren Kapitalmarktbewertung besser abwehren.[22]

2.2.2 Unfreiwillige Desinvestitionen

Die Entscheidungsgewalt liegt bei unfreiwilligen Desinvestitionen nicht bei dem Konzern selbst, vielmehr erfolgt die Entscheidung von außerhalb. Dies ist zum Beispiel bei einer Verstaatlichung bzw. Enteignung, einem Konkurs oder bei Desinvestitionen aufgrund eines Kartellbescheids der Fall.[23]

2.3 Desinvestitionsinstrumente

Das Herauslösen eines Unternehmensteils aus einem Konzern kann mit verschiedenen Desinvestitionsinstrumenten erfolgen. Im Folgenden werden die wichtigsten Instrumente, welche der anfänglich formulierten Definition entsprechen, kurz erläutert und anhand eines Beispiels sowie einer Grafik veranschaulicht.

2.3.1 Sell-off

Der Verkauf eines Unternehmensteils an eine oder mehrere juristische Personen stellt einen Sell-off dar.[24]

Die Besonderheit hierbei ist, dass die involvierten Parteien mit ihren beratenden Instanzen auf direktem bzw. privatem Wege den Kaufpreis aushandeln. Dieser wird in der Regel mit Barmitteln und/oder Anteilen am akquirierenden Unternehmen beglichen.[25] Damit ist der Sell-off oftmals durch einen Zufluss an liquiden Mitteln gekennzeichnet, welche für Dividendenauszahlungen, neue Investitionen oder zur Schuldentilgung verwendet werden können.[26]

Erfahrungsgemäß besteht nach der Transaktion, im Gegensatz zu vor der Transaktion, weder eine rechtliche noch eine wirtschaftliche Verbindung mehr, da die

---

22 Vgl. Achleitner/Wahl (2003), S. 78-81; Defren (2009), S. 9-10
23 Vgl. Rechsteiner (1995), S. 37-38.
24 Vgl. Alexander/Benson/Kampmeyer (1984); S. 503; Rosenfeld (1984); S. 1437; Jain (1985), S. 209.
25 Vgl. Nixon/Roenfeldt/Sicherman (2000), S. 278; Bartsch (2005), S. 33-34.
26 Vgl. Hite et al. (1987), S. 231.

Vermögensgegenstände (Asset Deal) bzw. Aktien des Tochterunternehmens (Share Deal) zumeist vollständig übertragen werden.[27]

Die Bayer AG plant beispielsweise den Verkauf ihrer Animal Health Sparte, um sich künftig auf Humanmedizin und Agrarchemie zu konzentrieren. Gleichzeitig will der Konzern damit aber auch seine Schulden tilgen und die Bilanz stärken.[28]

Die Grundstruktur des Sell-Offs wird in Abbildung 1 veranschaulicht.

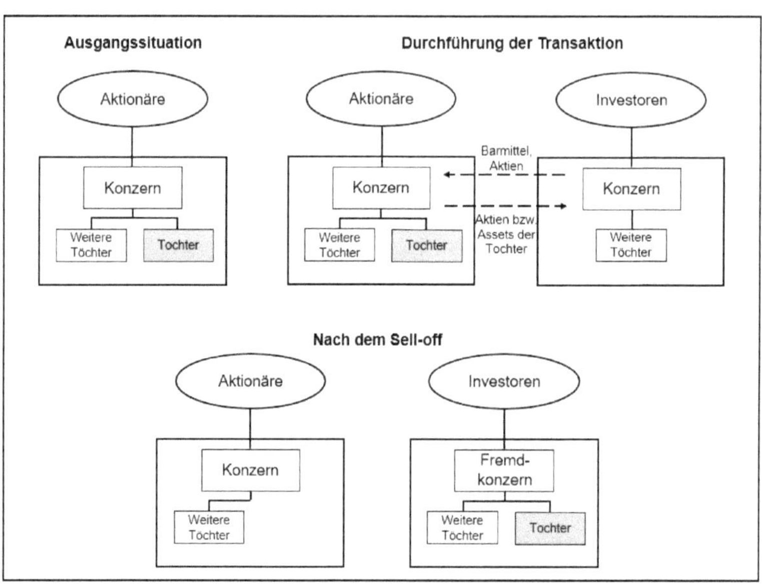

Abbildung 1: Grundstruktur des Sell-offs
Quelle: In Anlehnung an Charifzadeh (2002), S. 91.

2.3.2 Spin-off und Split-off

Der Spin-off bezeichnet die verhältniswahrende Auskehrung der Anteile (pro-rata) eines Tochterunternehmens bzw. einer Unternehmenseinheit an die bisherigen Aktionäre des Mutterunternehmens.[29]

---

[27] Vgl. Ostrowski (2008), S. 22.
[28] Vgl. Fröndhoff/Landgraf/Rezmer (URL), S. 2-5.
[29] Vgl. Rosenfeld (1984), S. 1437; Schipper/Smith (1983), S. 393-394.

Die Altaktionäre sind nach der Transaktion nun zu gleichen Anteilen an zwei separaten, rechtlich und wirtschaftlich selbständigen börsennotierten Unternehmen beteiligt. Weder dem Mutter- noch dem Tochterunternehmen fließen hierbei Finanzmittel zu (siehe Abbildung 2).[30] Der Spin-off ist somit ein steuerneutrales Instrument, um einen Unternehmensteil als eigenständige Einheit an die Börse zu bringen.[31]

Beispielhaft kann der Spin-off von Uniper durch E.ON genannt werden, bei dem die Aktionäre automatisch für jeweils zehn E.ON-Aktien je eine Uniper-Aktie erhalten haben.[32]

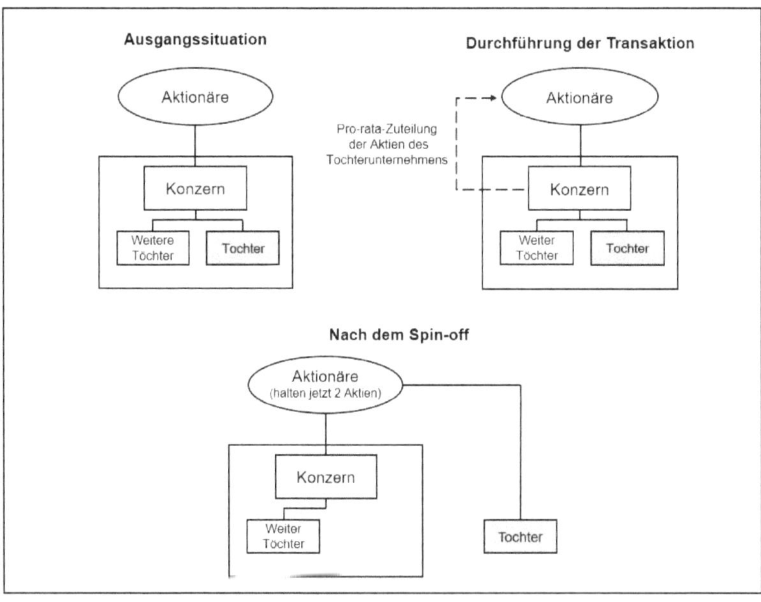

Abbildung 2: Grundstruktur des Spin-offs
Quelle: In Anlehnung an Charifzadeh (2002), S. 97.

Bei einem Split-off werden die bestehenden Beteiligungsverhältnisse der Aktionäre nicht zwangsläufig gewahrt, vielmehr wird in der Aktionärsstruktur ein klarer Schnitt vollzogen. Den Aktionären des Mutterunternehmens wird ein Tausch-

---

[30] Vgl. Nixon et al. (2000), S. 278; Bartsch (2005), S. 36.
[31] Vgl. Boreiko/Murgia (2016), S. 7.
[32] Vgl. Schmitt (URL), S. 1 -2.

recht angeboten, mit dem sie ihre Aktien gegen entsprechende Anteile am (neuen) herausgelöstem Unternehmensteil umwandeln können. Oftmals erhalten die Aktionäre als Anreiz für den Tausch eine Prämie, welche sich im Umtauschverhältnis widerspiegelt.[33]

Nach der Transaktion ist der ausgegliederte Unternehmsteil in der Regel von der Mutter unabhängig. In der Praxis wird ein Split-Off nur sehr selten durchgeführt.[34]

Als Beispiel kann der US-amerikanische Chemiekonzern DuPont genannt werden, welcher sich im Rahmen eines Split-Offs wieder von Conoco (Energiesparte) getrennt hat. Dabei wurden den Aktionären für eine DuPont Aktie je 2,95 Conoco Aktien zum Tausch angeboten, was gemessen am damaligen Aktienkurs einer Prämie von rund 18 Prozent entsprach.[35]

2.3.3 Equity Carve-Out

Der Equity Carve-Out bezeichnet das „Herausscheiden" eines Minderheitsanteils an einem im vollständigen Eigentum befindlichen Tochterunternehmens über den organisierten Kapitalmarkt.[36]

Die Platzierung eines Teils des Grundkapitals der Tochter kann im Zuge einer Kapitalerhöhung bei der Tochtergesellschaft neu geschaffen werden (Primärplatzierung) oder aus dem Beteiligungsbesitz des Mutterkonzerns stammen (Sekundärplatzierung). Bei der Primärplatzierung fließt der Emissionserlös vollständig der Tochtergesellschaft zu. Aus Sicht der Mutter ist die Transaktion Cashflow neutral bzw. negativ sofern sich der Mutterkonzern bei der Kapitalerhöhung beteiligt. Im Rahmen einer Sekundärplatzierung fließt hingegen der gesamte Emissionserlös der Mutter zu und es kommt zu einem Aktivtausch: die Finanzanlagen verringern sich und gleichzeitig nehmen die liquiden Mittel zu (siehe Abbildung 3). Meistens sind in der Praxis Mischformen aus Primär und Sekundärplatzierung zu beobachten.[37]

---

[33] Vgl. Röhl (2018), S. 100; Achleitner/Wahl (2003), S. 30-31.

[34] Vgl. Charifzadeh (2002), S. 99. Aufgrund der geringen Praxisrelevanz wird der Split-Off nicht weiter betrachtet bzw. mit dem Spin-Off gleichgesetzt.

[35] Vgl. CNNMoney (URL), S. 1.

[36] Vgl. Schipper/Smith (1983), S. 153.

[37] Vgl. Kaserer/Ahlers (2000), S. 540-541.

Im Gegensatz zum Sell-off werden bei einem Equity Carve-out die Anteile der Allgemeinheit, also privaten als auch institutionellen Investoren, zum Kauf angeboten. Bei einem solchen Börsengang wird meistens eine hohe öffentliche Aufmerksamkeit erreicht, da der IPO entsprechend medial vermarktet und angepriesen wird.[38]

Aktuelles Beispiel ist der IPO von Siemens Healthineers, bei dem Siemens 15 Prozent der Tochter an die Börse brachte. Der Börsengang soll mehr Chancen auf Wachstum und Zukäufe ermöglichen. Zudem soll die Medizintechnik Tochter agiler und flexibler am Markt agieren können und dadurch wettbewerbsfähiger werden.[39]

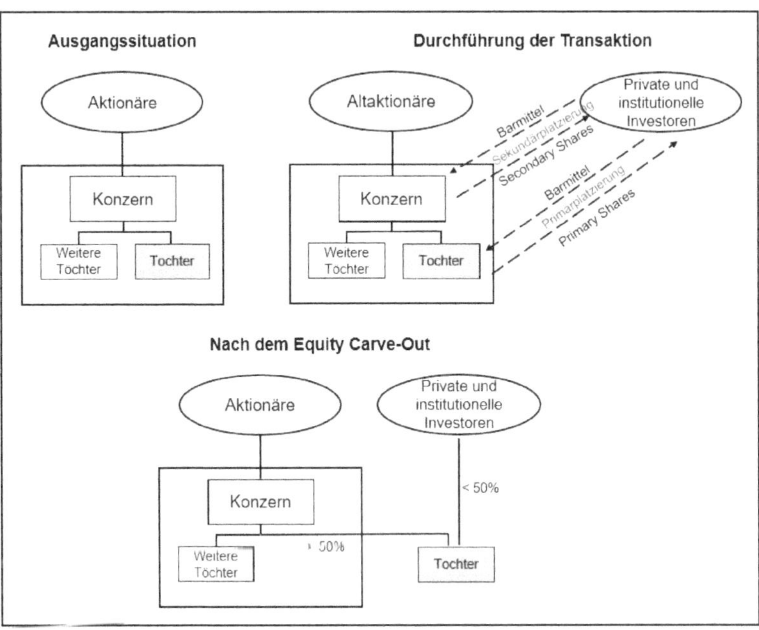

Abbildung 3: Grundstruktur des Equity Carve-Outs
Quelle: In Anlehnung an Charifzadeh (2002), S. 95.

---

[38] Vgl. Röhl (2018), S. 100.
[39] Vgl. Manager Magazin (URL), S. 1-2.

2.3.4 Tracking Stock

Tracking Stocks, oftmals auch Target Stocks genannt, sind eine weitere Möglichkeit, um ein Tochterunternehmen bzw. einen Geschäftsbereich an die Börse zu bringen. Der wesentliche Unterschied zu den bisherigen Desinvestitionsinstrumenten besteht darin, dass der Gesamtkonzern organisatorisch und auch als juristische Einheit komplett erhalten bleibt. Es wird lediglich eine neue Gattung von Aktien geschaffen, deren Kursverlauf die Performance eines bestimmten Geschäftsbereiches bzw. einer Tochter abbilden („tracken") soll, ohne diese(n) dabei aus dem Gesamtkonzern herauszutrennen. Diese abgebildete Einheit wird als „Tracked Units" bezeichnet und ist auch nach der Emission rechtlich nicht selbständig. Die Unternehmensabspaltung erfolgt somit lediglich anhand einer getrennten Rechnungslegung. Tracking Stocks sind demnach eine Gattung von Aktien, welche das Gewinnbezugsrecht mit einem Geschäftsbereich verbriefen.[40]

In Deutschland sind Tracking Stocks sehr selten. Ein Beispiel stellt die Hamburger Hafen und Logistik AG (HHLA) dar, bei der die Hafenlogistik (A-Aktie) an der Börse als Tracking Stock handelbar ist und der Immobiliengeschäftsbereich (S-Aktie) hingegen nicht an der Börse notiert ist.[41]

Die Grundstruktur eines Tracking Stocks wird in Abbildung 4 dargestellt.

---

[40] Vgl. Charifzadeh (2002), S. 101-103; Rauscher (URL), S. 1. Tracking Stocks sind in Deutschland mit rechtlichen und buchhalterischen Schwierigkeiten verbunden und daher rar. Aus diesem Grund wird im weiteren Verlauf der Arbeit nur noch begrenzt auf Tracking Stocks eingegangen.

[41] Vgl. Rauscher (URL), S. 1.

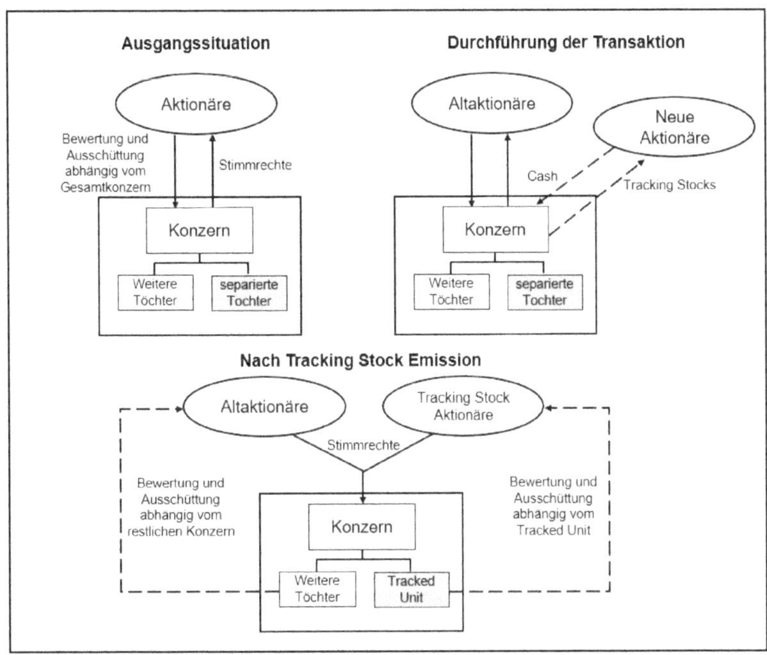

Abbildung 4: Grundstruktur eines Tracking Stocks
Quelle: In Anlehnung an Charifzadeh (2002), S. 104.

2.4 Shareholder Value als Maßstab der Wertsteigerung

Für die Beurteilung und Würdigung von Desinvestitionen muss ein geeigneter Erfolgsmaßstab festgelegt werden, welcher sich an der Zielsetzung des unternehmerischen Handelns orientiert.

In den 1970er wurden noch buchhalterische Größen bzw. einige Jahre später Rentabilitätskennziffern als zentrale Erfolgsgrößen in den Mittelpunkt des Steuerungssystems gestellt. Seit den 1990er Jahren hat sich jedoch die Steigerung des Unternehmenswertes für Aktionäre, der sogenannte Shareholder Value, als Ziel des Managements durchgesetzt. Die grundlegenden Arbeiten von Alfred Rappaport zum Shareholder Value haben bis heute eine zentrale Bedeutung in der Unternehmenspraxis.[42]

---

[42] Vgl. Vollmar (2014), S. 51-52.

Generell gibt es noch eine Vielzahl von weiteren möglichen Unternehmenszielen, welche in der moral-politischen Kontroverse Shareholder Value versus Stakeholder-Value immer wieder in den Fokus der Unternehmenspolitik geraten. So werfen Vertreter des Stakeholder-Value-Ansatzes dem Shareholder Value-Ansatz eine zu dominante Orientierung an den Interessen der Eigentümer vor, während in anderen Publikationen hingegen von einer Interessenkomplementarität zwischen Stakeholdern und Shareholdern ausgegangen wird.[43]

Im Rahmen dieser Arbeit wird der Shareholder Value-Ansatz als bedeutend angesehen und eine Desinvestition kann dann als wertsteigernd bzw. gelungen angesehen werden, wenn der Shareholder Value dadurch gesteigert wird.

„Der »Shareholder-Value-Ansatz« schätzt den ökonomischen Wert einer Investition dadurch, daß die prognostizierten Cash-flows mittels des Kapitalkostensatzes diskontiert werden. Diese Cash-flows wiederum liegen der Eigentümerrendite aus Dividenden und Kurswertsteigerung zugrunde."[44]

Im Grunde ergibt sich der Shareholder Value aus dem Unternehmenswert abzüglich des Fremdkapitals. Er stellt somit den Wert des Unternehmens aus Sicht der Eigentümer dar, letztendlich ist es der Anteil des Eigenkapitals am Unternehmenswert.[45]

Die theoretische Ermittlung des Eigenkapitalwertes ist über den Discounted Cash- Flow-Ansatz möglich, grundsätzlich ist hierbei zwischen Bruttomethode (Entity Ansatz) und Nettomethode (Equity Ansatz) zu unterscheiden.[46]

Alternativ lässt sich der Marktwert des Eigenkapitals bei börsennotierten Unternehmen anhand der aktuellen Tageskurse ermitteln, indem die Anzahl der ausgegebenen Aktien mit dem Aktienkurs multipliziert wird.[47]

---

[43] Vgl. Charifzadeh (2002), S. 184-185.

[44] Rappaport/Klien (1999), S. 39.

[45] Vgl. Rappaport/Klien (1999), S. 39-40.

[46] Vgl. für die genau Berechnung der Brutto- und Nettomethode als auch die kritische Würdigung Joos-Sachse (2014), S. 76-92. Darüber hinaus haben auch verschiedene Unternehmensberatungsgesellschaften ähnliche Ansätze basierend auf dem Shareholder Value-Konzept entwickelt. Hierzu gehören unter anderem der Economic Value Added bzw. Market Value Added, als auch der der CFROI/CVA-Ansatz.

[47] Vgl. Charifzadeh (2002), S. 33.

Laut Rappaport ist „Der Aktienkurs eines Unternehmens [...] das klarste Maß der Markterwartungen über die künftige Performance eines Unternehmens."[48] Er stellt somit eine laufende Bewertung und Beurteilung der Strategien des Managements dar.[49]

Aber auch der Aktienkurs ist nicht unbedingt der beste Maßstab zur Messung einer Unternehmenswertsteigerung. Er ist zwar einer laufenden Bewertung und einem stetigen Preisbildungsprozess ausgesetzt, dennoch stimmen der „innere Wert" und der Aktienkurs nicht immer überein. Neben den erwarteten, künftigen Zahlungsströmen wird der Aktienkurs auch durch weitere Faktoren, wie beispielsweise den gesamtwirtschaftlichen Rahmenbedingungen, Spekulationen oder markttechnischen Einflüssen, bestimmt. Ferner wird oftmals auch die „Kurzsichtigkeit des Marktes" kritisiert.[50]

Nur unter der Annahme einer strengen Informationseffizienz, bei der alle für die Bewertung relevanten Informationen unendlich schnell im Aktienkurs verarbeitet sind und der Annahme, dass alle Marktteilnehmer das gleiche Bewertungsmodell als Grundlage verwenden, ist der Marktwert identisch zum fundamentalen Wert.[51]

Dennoch wird, um die Wirkung von Desinvestitionen auf den Shareholder Value zu untersuchen, in den empirischen Studien in der Regel der Marktwert des Eigenkapitals herangezogen.[52]

---

[48] Rappaport/Klien (1999), S. 120.

[49] Vgl. Rappaport/Klien (1999), S. 119-121.

[50] Vgl. Hachmeister (2000), S. 37-38.

[51] Vgl. Charifzadeh (2002). S. 36. Fama (1970) stellt drei verschiedene Formen der Informationseffizienz fest. Eine schwache, mittelstrenge und strenge Informationseffizienz. Während bei der schwachen Informationseffizienz nur historische Informationen im Marktpreis verarbeitet sind, werden bei der strengen Informationseffizienz sämtliche existierende Informationen für die Preisbildung berücksichtigt.

[52] Vgl. Kapital 6.

3 Diversifikation

Ausgangsbasis dieser Arbeit sind diversifizierte Großkonzerne (meist durch M&A), die durch ihre Ineffizienzen möglicherweise Wert vernichten und eine Desinvestition somit zu einer Unternehmenswertsteigerung führen kann. Dennoch bietet die Diversifikation auch einige Vorteile, welche im Rahmen einer Desinvestition ganz oder teilweise aufgegeben werden. Es ist deshalb hilfreich, zunächst einmal wesentliche Wertsteigerungspotentiale bzw. Vorteile eines Konglomerates zu erörtern, da diese scheinbar im Konflikt mit dem Diversifikationsabschlag und der Unternehmenswertsteigerung durch Desinvestition stehen.

3.1 Synergieeffekte

In den meisten Fällen wird eine Diversifikation mit den daraus resultierenden Synergieeffekten begründet. Der Synergieeffekt beschreibt eine positive Wirkung, die sich aus dem Zusammenschluss von zwei oder mehreren Unternehmen ergibt. Dabei erzielt der Konzern eine größere Wirkung als die jeweils einzelnen Unternehmensteile unabhängig voneinander erzielen würden (2 + 2 = 5).[53]

Operative Synergieeffekte resultieren aus der gewöhnlichen Geschäftätigkeit der zusammengeführten Unternehmen. Zum einen ist eine Umsatzsteigerung durch das so genannte „cross-marketing" möglich. Hierbei können komplementäre Produkte zusammen vermarket, ein bekannter Markenname konzernübergreifend für neue Produkte verwendet und/oder die Distributionswege gemeinsam genutzt werden. Allerdings sind solche Umsatzsteigerungseffekte in der Praxis oftmals nur schwer zu erreichen und planerisch kaum zu erfassen bzw. zu quantifizieren.[54]

Zum anderen sind auch kostenreduzierende Synergieeffekte möglich. Diese sind leichter zu erfassen und häufig das Hauptmotiv einer Diversifikation.[55] Die Kostenvorteile lassen sich klassischerweise in Skaleneffekte (Economies of Scale) und Verbundeffekte (Economies of Scope) aufteilen. Beispielsweise kommt bei steigender Produktionsmenge (und konstanten Fixkosten) die Fixkostendegression

---

[53] Vgl. Gaughan (2007), S. 124.

[54] Vgl. Gaughan (2007), S. 126.

[55] Vgl. Charifzadeh (2002), S. 69.

zu tragen und durch die gemeinsame Nutzung einiger Funktionsbereiche können Kosteneinsparungen realisiert werden.[56]

Finanzielle Synergieeffekte können vor allem zu einer Senkung der Finanzierungskosten führen. Korrelieren die Cashflows der verschiedenen Unternehmensbereiche des Konzerns nicht (vollständig) miteinander, ist von einer Reduzierung des unsystematischen Risikos auszugehen. Durch diese Risikostreuung sinkt aus Sicht der Kreditgeber das Insolvenzrisiko bzw. die Kreditausfallwahrscheinlichkeit, was zu einem geringeren Risikozuschlag und einem höheren Kreditrahmen bzw. zu einer Erhöhung der Verschuldungskapazität führen kann.[57]

Steuerliche Vorteile einer Diversifikation ergeben sich zum einen durch die Abzugsfähigkeit der Fremdkapitalzinsen (Tax-Shield), die mit der Möglichkeit einer höheren Fremdkapitalaufnahme entsprechend ausgeweitet werden können.[58] Zum anderen können auch die Gewinne und Verluste der verschiedenen Geschäftsbereiche miteinander verrechnet werden, sofern sich diese in einer steuerlichen Organschaft befinden.[59]

Ein weiterer wesentlicher Vorteil einer Diversifikation kann die Bildung eines internen Kapitalmarktes sein.[60] Die Vorteile, wie beispielsweise eine bessere Ressourcenallkation, aber auch die möglichen Nachteile werden in Kapitel 4.1. im Detail erläutert.

3.2 Marktmachtsteigerung

Zum einen können Konzerne durch eine vertikale Diversifikation die Markteintrittsbarrieren erhöhen. Die Diversifikation in vor- und/oder nachgelagerte Produktionsstufen zwingt den Wettbewerber oftmals dazu, auch eine vergleichbare Diversifikationsstruktur aufzubauen, um konkurrenzfähig zu bleiben. Hierfür ist dementsprechend mehr Know-how und Kapital erforderlich. Zum anderen führt eine horizontale Diversifikation zu einer Konzentration von Marktanteilen was sich wiederum in einer höheren Marktmacht widerspiegelt.[61]

---

[56] Vgl. Gaughan (2007), 126-127; Ellgering (2017), S. 16-17.

[57] Vgl. Gaughan (2007). S. 133-134; Charifzadeh (2002). S. 75-76.

[58] Vgl. Berger/Ofek (1995), S. 59.

[59] Vgl. Stienemann (2003), S. 56.

[60] Vgl. Bühner (2004), S. 28.

[61] Vgl. Charifzadeh (2002), S. 64-65.

Mit der verbesserten Verhandlungsmacht gegenüber den Lieferanten und Kunden können die Lieferantenkonditionen als auch die Preise der angebotenen Produkte besser gesteuert werden. Ferner kann ein Konglomerat durch die zunehmende Größe eine Schlüsselrolle in der Wirtschaft beanspruchen und dadurch den Zugang zu Subventionen erschließen oder Regulierungs- und Gesetzgebungsverfahren beeinflussen. Auch die Aufnahme in einen bekannten Börsenindex wird durch eine höhere Marktkapitalisierung erleichtert.[62]

3.3 Weitere Wertquellen

Ein weiterer Vorteil aus dem Zusammenschluss mehrerer unterschiedlicher Unternehmen kann der Wissens- und Erfahrungsaustausch zwischen den Mitarbeitern des diversifizierten Konzerns sein. Zum Beispiel ist die Etablierung von Best-Practice-Strategien als auch eine effiziente Verteilung der Mitarbeiter entsprechend ihrer Kompetenzen möglich.[63]

Die in der Literatur oftmals erwähnte Risikominimierung durch Diversifikation kann zwar die Bonität des Konzerns erhöhen und die Volatilität der Aktie verringern, ist aus Sicht des Aktionärs aber nicht direkt wertschaffend, da dieser eine Diversifikation und Risikostreuung in seinem persönlichen Portfolio selbst vornehmen kann.[64]

3.4 Der Diversifikationsabschlag

In den Studien zur Unternehmensdiversifikation wird oftmals der Marktwert des Konzerns mit einem hypothetischen Unternehmenswert der einzelnen Unternehmensteile verglichen. Viele kommen dabei zum Ergebnis, dass trotz der eben genannten Vorteile, der Wert der einzelnen Unternehmensteile in Summe höher ist als der Unternehmenswert des Gesamtkonzerns. Diese Tendenz des Marktes, ein diversifiziertes Unternehmen niedriger zu bewerten als die Summe der ein-

---

[62] Vgl. Ellgering (2017), S. 16-17.

[63] Vgl. ebenda.

[64] Vgl. Stienemann (2003), S. 53. Einige Autoren unterstellen darüber hinaus auch, dass Diversifikation nicht risikominimierend ist, im Gegenteil, bei einer zu starken Korrelation der (aufeinander aufbauenden) Geschäftsbereiche kann Diversifikation das Unternehmensrisiko erhöhen.

zelnen Unternehmensbereiche, kommt im sogenannten Diversifikation- bzw. Konglomerats-Abschlag (Conglomerate Discount) zum Ausdruck.[65]

Die Kritik an den Konglomeraten entstand jedoch erst in den 1980er Jahren, unter anderem auch mit den Publikationen von Porter.[66] In den 1960er Jahren galt Diversifikation hingegen noch als "Königsweg der Unternehmensführung" und Konglomerate wurde mit einem entsprechenden Diversifikationsaufschlag bewertet.[67]

In der (heutigen) Praxis werden diversifizierte Konzerne oftmals pauschal mit einem Diversifikationsabschlag von 10 bis 15 Prozent bewertet. So haben beispielsweise einige namenhafte Investmentbanken bei ihrer Unternehmensbewertung der Siemens AG (im Jahr 2005) einen Abschlag von 15 Prozent in ihrem Bewertungsmodell mit einfließen lassen.[68]

Ferner spricht auch der Erfolg der so genannten Corporate Raiders in den 1980er und 1990er Jahren für die Existenz eines Diversifikationsabschlages bzw. für den Konzentrationsansatz. Mit dem Hintergedanken, dass die einzelnen Unternehmensteile einen höheren Wert aufweisen als der Gesamtkonzern, erwerben die Corporate Raiders oftmals eine (Mehrheits-)Beteiligung an Konglomeraten, um diese dann zu zerschlagen bzw. einzelne Unternehmensbereiche zu desinvestieren.[69]

Carl Icahn, einer der bekanntesten Investoren der solch eine Strategie verfolgt, hat sich beispielsweise im Jahr 2014 bei Ebay beteiligt und anschließend auf das Management öffentlich Druck ausgeübt, um eine Abspaltung des Tochterunternehmens Paypal zu erreichen. Dies begründete er damit, dass Paypal ein Kronjuwel sei und Ebay dessen wahren Wert verschleiere. Auch Elon Musk, einer der Paypal Gründer, befürwortete diese Abspaltung, da es keinen Sinn mache, ein weltweites Bezahlsystem als Tochterunternehmen einer Auktionswebseite zu führen.[70] Rund ein Jahr später wurde Paypal dann tatsächlich im Rahmen eines

---

[65] Vgl. Rustige/Grote (2008), S. 1.

[66] Vgl. Ellgering (2017), S. 15; siehe auch Porter (1985/1987/1998).

[67] Vgl. Rustige/Grote (2008), S. 1.

[68] Vgl. Funke (2006), S. 1. Je nach Studie werden auch höhere, niedrigere bzw. gar keine Diversifikationsabschläge festgestellt.

[69] Vgl. Ellgering (2017), S. 18.

[70] Vgl. Rungg (URL), S. 1-2.

Spin-offs als eigenständiges Unternehmen an die Börse gebracht. Die Aktionäre erhielten für jede Ebay Aktie jeweils eine neue Paypal Aktie.[71]

Darüber hinaus wird angenommen, dass diversifizierte Unternehmen mit zunehmender Entwicklung des externen Kapitalmarktes ihren komparativen Vorteil verlieren. Der Wert des geschaffenen internen Kapitalmarktes ist somit umso niedriger, je mehr entwickelt der nationale (externe) Kapitalmarkt des Konglomerats ist. Auch empirische Untersuchungen bestätigen dies und kommen zu dem Ergebnis, dass Unternehmen in Industriestaaten meist einen Diversifikationsabschlag aufweisen. Unternehmen in Ländern mit einem weniger entwickelten Kapitalmarkt bzw. ohne Zugang zu einem internationalen Kapitalmarkt weisen hingegen keinen Diversifikationsabschlag oder sogar eine Diversifikationsprämie auf.[72]

Diversifizierte Unternehmen profitieren von einem internen Kapitalmarkt auch dann, wenn der externe Kapitalmarkt aufgrund einer Rezession oder anderen exogenen Schocks stark eingeschränkt ist. So hat sich der Wert von Konglomeraten während in der Finanzkrise von 2007 bis 2009 signifikant erhöht. Finanzielle Einschränkungen und die Effizienz des externen Kapitalmarktes scheinen somit eine Schlüsselrolle für den Wert von Konglomeraten zu spielen.[73]

Während Anfang des Jahrhunderts sowohl in der Praxis als auch in der Forschung noch mehrheitlich von einem Diversifikationsabschlag bei Konglomeraten ausgegangen wurde, gibt es mittlerweile auch wieder Zweifel an der Existenz eines pauschalen Diversifikationsabschlages. Letztendlich gibt es keine Einigkeit darin, ob und wie sich Diversifikation auf den Unternehmenswert auswirkt. Vielmehr geht die jüngste Literatur davon aus, dass sich der Diversifikationseffekt von Unternehmen zu Unternehmern unterscheidet und je nach Industriezweig, wirtschaftlichen Rahmenbedingungen und Governance-Struktur zu einem Auf- bzw. Abschlag führen kann.[74]

---

[71] Vgl. Handelsblatt (URL), S. 1. Rund 4 Jahre später fordert der bereits in der Einführung erwähnte aktivistische Investor bzw. Hedgefond Elliott eine weitere Aufspaltung von Ebay. So fordert Elliot Ebay in einem Brief auf, sich auch von StubHub (An- und Verkauf von Konzerttickets) und Ebay Classifieds Group (Ebay Kleinanzeigen) zu trennen.

[72] Vgl. Bühner (2004), S. 38-40.

[73] Vgl. Erdorf/Hartmann-Wendels/Heinrichs/Matz (2013), S. 2.

[74] Vgl. Erdorf et al. (2013), S. 1-3.

Ein Kernargument, warum diversifizierte Konzerne jedoch an sich wertvernichtende Tendenzen aufweisen können und eine Desinvestition somit wertschaffend sein kann, liefert die Prinzipal-Agent-Theorie. Diese und weitere Erklärungsansätze für Wertsteigerungspotentiale durch Desinvestitionen werden in Kapitel 4 im Detail erläutert.[75]

---

[75] Vgl. Kapitel 4.

4 Theoretische Erklärungsansätze zur Wertsteigerung durch Desinvestitionen

4.1 Prinzipal-Agent-Theorie

Die im Wesentlichen von Jensen und Meckling geprägte Agency-Theorie beschäftigt sich mit der Analyse von Geschäftsbeziehungen, die eine asymmetrische Informationsverteilung aufweisen. Da zwischen den Parteien kein vollständiger Vertrag mit Handlungsvereinbarungen für sämtliche Eventualitäten festgelegt werden kann, müssen Entscheidungsrechte auf den Agenten (der mit einem Informationsvorsprung ausgestattete Auftragnehmer) übertragen werden. Es wird dabei unterstellt, dass die beteiligen Parteien jederzeit ihre eigenen Interessen verfolgen und somit auch ihren eignen Nutzen maximieren wollen. Man kann deshalb nicht davon ausgehen, dass der Agent grundsätzlich im besten Interesse des Prinzipals (der schlechtere informierte Auftraggeber) handelt. Bei einer Aktiengesellschaft, welche durch die Trennung von Eigentum und Verfügungsgewalt gekennzeichnet ist, spiegeln die Prinzipale die Aktionäre und die Agenten die Vorstände wider. Die Aktionäre delegieren folglich die Entscheidungskompetenzen an die Vorstände und bezahlen diesen dafür ein Entgelt. Diese Trennung zwischen Eigentum und Verfügungsmacht führt letztendlich zu Informationsasymmetrien, welche, bei unterschiedlicher Interessenslage beider Partien, von den Agenten ausgenutzt werden können.[76]

Der Prinzipal sieht aufgrund der asymmetrischen Informationsverteilung immer nur das Ergebnis aus der Handlung des Agenten, die Handlung selbst bleibt ihm jedoch verborgen (Hidden Action). Deshalb kann der Prinzipal nicht eindeutig erkennen, ob die Handlungen des Agenten oder andere Faktoren für das Resultat verantwortlich sind. Des Weiteren kann der Agent handlungsrelevante Information erhalten bzw. haben, die für den Prinzipal nicht wahrzunehmen sind (Hidden Information). Es ist somit nicht auszuschließen, dass der Agent opportunistisch handelt und durch seine Handlungsspielräume und Informationsvorteile dem Prinzipal schadet (Moral Hazard).[77]

---

[76] Vgl. Bartsch (2005), S. 88; Jensen/Meckling (1976), S. 308; Ostrowski (2008), S. 85-86.

[77] Vgl. Arrow (1984), S. 3-6; Stienemann (2003), S. 94-95. Die Prinzipal-Agenten-Probleme lassen sich anhand ihrer Entstehungszeitpunkte unterscheiden. Das Problem der Adverse Selection, welches vor Vertragsabschluss entsteht, wird in dieser Arbeit nicht ausgeführt, da die

Nun liegt es im Interesse des Prinzipals, dieses Prinzipal-Agenten-Dilemma zu verringern bzw. im Idealfall zu beseitigen und den Agenten zu einem für ihn vorteilhaften Handeln zu bewegen. Zum einen ist dies durch die Bereitstellung von Anreizen in der Vertragsgestaltung möglich (Incentivierung). „Über die Gestaltung von Anreizsystemen soll die Zielinkongruenz von Prinzipal und Agent gemildert und im Idealfall eine Zielkongruenz erreicht werden. Dadurch, dass die Ziele einander angenähert bzw. zur Deckung gebracht werden, kann ein weitgehender Verzicht auf opportunistisches Verhalten seitens des Agenten erzielt werden."[78]

Zum anderen kann der Handlungsspielraum des Agenten durch Kontroll- und Überwachungsmechanismen eingeschränkt werden (Monitoring). Allerdings fallen für den Aufbau und das Aufrechterhalten der Mechanismen entsprechende Kontroll- und Überwachungskosten an (Monitoring Costs). Zudem können auch Gewährleistungskosten entstehen (Bonding Costs), da der Agent möglicherweise Ressourcen aufwenden muss, um dem Prinzipal glaubhaft zu machen, dass er in seinem Interesse handeln wird. Der Wohlfahrtsverlust (Residual Loss) beschreibt die Wohlfahrtseinbuße, die dem Prinzipal entsteht, wenn der Agent trotz Incentivierung, Monitoring und Bonding nicht im besten Interesse des Prinzipals handelt. Dieser bildet zusammen mit den Überwachungs- und den Gewährleistungskosten die sogenannten Agency Kosten. Ziel des Prinzipals ist es, diese Kosten zu minimieren und den eigenen Nutzen zu maximieren.[79]

Bei einem Konzern besteht jedoch nicht nur zwischen der Konzernführung und den Anteilseignern eine Prinzipal-Agency-Beziehung, sondern auch zwischen der Konzernführung als Prinzipal und den Bereichsmanagern bzw. den Managern der Tochterunternehmen als Agenten.[80]

Durch diese zweistufige Prinzipal-Agent-Beziehung kann es deshalb nicht nur zwischen Anteilseigner und der Konzernführung zu Zielkonflikten und Informationsasymmetrien kommen, sondern auch zwischen der Konzernführung und den Bereichsmanagern. „D.h. selbst wenn es gelingen würde, die Manager der Konzernspitze zu optimalem Verhalten im Sinne der Anteilseigner zu bewegen, be-

---

Moral Hazard Problematik, welche nach Vertragsabschluss entsteht, für Desinvestitionen von größerer Relevanz ist.

[78] Ostrowski (2008), S. 88.

[79] Vgl. Jensen/Meckling (1976), S. 308; Ostrowski (2008), S. 88; Stienemann (2003), S. 95.

[80] Vgl. Stein (1997), S. 116-121; Stienemann (2003), S. 96.

steht in der Struktur ‚Konzern' das spezifische Problem, dass sich auch die Bereichsmanager opportunistisch verhalten können. Umso größer wird dann auch das Prinzipal-Agent-Problem, wenn sich sowohl Bereichsmanager als auch die Manager der Konzernspitze opportunistisch verhalten, da die Informationen für den Anteilseigner ‚doppelt' verzerrt sein können."[81]

In Abbildung 5 wird die zweistufige Prinzipal-Agent-Beziehung nochmals verdeutlicht. So ergeben sich die gesamten Agency-Kosten der Anteilseigner aus den Agency-Kosten der ersten Stufe (externer Kapitalmarkt) und den Agency-Kosten der zweiten Stufe (interner Kapitalmarkt).

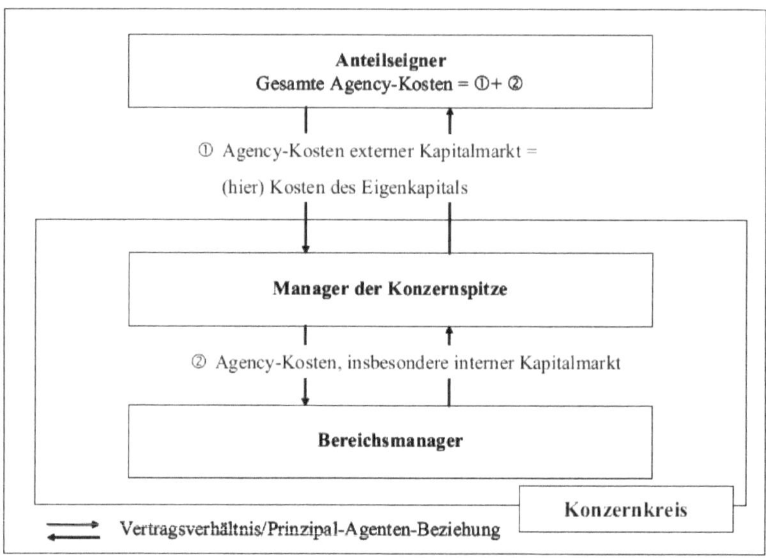

Abbildung 5: Prinzipal-Agent-Beziehungen im Konzern
Quelle: Ostrowski (2008), S. 90.

---

81 Stienemann (2003), S. 96.

4.1.1 Prinzipal-Agent-Beziehungen zwischen der Konzernspitze und den Bereichsmanagern

4.1.1.1 Investitionsentscheidungen auf internen und externen Kapitalmärkten

Desinvestitionen haben elementare Auswirkungen auf die Finanzierungsbeziehungen innerhalb eines Konzerns, denn durch das Herauslösen eines Unternehmensteils aus dem Konzernverbund steht der interne Kapitalmarkt nicht mehr oder nur noch teilweise zur Verfügung. Grundsätzlich ist zwischen internen und externen Kapitalmärkten zu unterscheiden. Wie bereits erwähnt, tritt bei dem internen Kapitalmarkt die Konzernführung als Prinzipal und die Bereichsmanager als deren Agenten auf. Die Konzernspitze fasst die extern aufgenommenen Gelder, sowie die intern generierten Zahlungsüberschüsse der einzelnen Unternehmensbereiche zusammen und kann dann die Finanzmittel entsprechend an die Bereichsmanager für ihre Investitionsvorhaben verteilen. Die Bereichsmanager bekommen somit von der Konzernspitze ihr Investitionsbudget vorgeben bzw. müssen sich für die Finanzierung von Projekten an diese wenden. Der Idealzustand hierbei wäre, dass die Konzernleitung alle relevanten Informationen erhält, und somit die verfügbaren finanziellen Mittel optimal an die Investitionsobjekte mit den höchsten Kapitalwerten verteilen kann (Winner-Picking). Es würde demzufolge eine Umverteilung im Sinne der Aktionäre von wachstumsschwachen hin zu wachstumsstarken Unternehmensbereichen stattfinden. Ohne Agency-Konflikte wäre der interne Kapitalmarkt somit dem externen Kapitalmarkt bei der Finanzmittelallokation überlegen und Konglomerate würden Wert schaffen.[82]

Wie im vorherigen Abschnitt angedeutet, kann es jedoch auch zwischen der Konzernspitze und den Bereichsmanagern zu Informationsasymmetrien und Zielkonflikten kommen. Daher bleibt die Frage prinzipiell offen, ob der interne oder der externe Kapitalmarkt eine bessere Allokationsfähigkeit aufweist.

Im Folgenden werden mögliche Nachteile bzw. Ineffizienzen des internen Kapitalmarktes erörtert, die auf wertvernichtende Tendenzen hinweisen und somit wertschaffende Desinvestition erklären.

---

[82] Vgl. Bühner (2004), S. 19-26; Stienemann (2003), S. 98.

4.1.1.2 Ineffizienz und Nachteile des internen Kapitalmarktes

Der interne und der externe Kapitalmarkt unterscheiden sich unter anderem in der Anzahl der kontrollierenden Kapitalgeber. Auf dem externen Kapitalmarkt werden die Investitionsprojekte von einer Vielzahl von Kapitalgebern kontrolliert, während auf dem internen Kapitalmarkt hingegen nur die Konzernspitze für die Kontrolle verantwortlich ist. Diese Bündelung der Kontrolle führt zu einer höheren Kontrollintensität auf dem internen Kapitalmarkt, da der Kontrollanreiz der vielen Kapitalgeber auf dem externen Kapitalmarkt aufgrund des verhältnismäßig geringen Kapitalanteils vermindert wird. Es ist allerdings fraglich, ob die Konzernspitze in ihrer Doppelrolle als Agent der Anteilseigner einerseits, und Prinzipal der Bereichsmanager anderseits, eine entsprechende Überwachung ausüben und so das Kontrollanreizproblem beheben kann.[83]

Eine zu starke Kontrolle der Bereichsmanager durch die Konzernspitze kann sich zudem auch negativ auf deren Arbeitseinsatz auswirken.[84] So hat die Fähigkeit des „Winner-Picking" zur Folge, dass insbesondere Bereichsmanager von schwachen Geschäftsbereichen ihre Anstrengungen reduzieren, da die generierten Cashflows ohnehin in Projekte bzw. andere Geschäftsbereiche mit einem höheren Kapitalwert fließen. In anderen Worten, die Konzernspitze „stiehlt" im Rahmen der Umverteilung die generierten Cashflows einiger Bereichsmanager, was eine entsprechende Demotivation hervorruft. Auf Grund der reduzierten Anreize der betroffenen Bereichsmanager, Cashflows zu generieren, fließen wiederum auch weniger finanzielle Mittel in die profitablen Bereiche, sodass die potenziellen Gewinne des Winner-Pickings im Endeffekt geschmälert oder vollständig verpuffen können.[85]

Das grundsätzliche Ziel der Bereichsmanager ist es, die angesprochene Abführung der finanziellen Mittel zu verhindern bzw. sich möglichst viele Finanzmittel bei der Umverteilung zu sichern, was eine Fehlallokation im Sinne der Anteilseigner zur Folge haben kann. Dieses Verhalten kann zum einen anhand dem Streben nach Macht und Prestige (Empire Building) und zum anderen anhand dem so genannten „Management Entrenchment" erklärt werden.[86]

---

83 Vgl. Bühner (2004), S. 28.

84 Vgl. Gertner/Scharfstein/Stein (1994), S. 1221-1222; Stein (1997), S. 117.

85 Vgl. Brusco/Panunzi (2005), S. 660-661.

86 Vgl. Ostrowski (2008), S. 91.

Dabei versuchen die Bereichsmanager ihre zugeteilten Finanzmittel in spezifische Investitionen zu lenken, damit ihre eigene Arbeitskraft für den Konzern schwerer zu ersetzten wird. Diese spezifischen Projekte sind nicht unbedingt die wirtschaftlichsten Projekte, sondern viel mehr Projekte, in denen Bereichsmanager ihre Fähigkeiten und Kenntnisse optimal entfalten können.[87]

Oftmals versuchen sic auch durch opportunistisches Verhalten das Risiko eines potenziellen Arbeitsplatzverlustes zu verringern, indem sie sich, sofern möglich, auf Bereichsebene diversifizieren und riskantere Projekte vermeiden - die Investition in profitable Projekte steht demnach nicht im Vordergrund.[88]

Darüber hinaus gehen Meyer, Milgrom und Roberts in ihrem Model davon aus, dass die Bereichsmanager verzerrte bzw. falsche Informationen an die Konzernführung weitergeben, um die Zukunftsaussichten ihres Geschäftsbereiches möglichst positiv darzustellen und sich somit einen überproportionalen Anteil an den finanziellen Mitteln zu sichern. Die Bereichsmanager investieren dementsprechend erhebliche Mengen an Zeit und Einsatz in den Versuch, die Konzernführung zu beeinflussen und ihr Risiko zu minimieren, was zu so genannten „Influence Costs" führt. Es wird jedoch davon ausgegangen, dass die Konzernführung dies durchschaut und sich nicht beeinflussen lässt, sodass weiterhin eine optimale Finanzmittelallokation möglich ist. Dennoch entstehen durch die Manipulationsversuche Beeinflussungskosten, die vor allem bei schlecht performenden Bereichen zum Tragen kommen, da dort die Gefahr eines potenziellen Arbeitsplatzverlustes am Größten ist. Nimmt das Risiko eines Arbeitsplatzverlustes ab, ist anzunehmen, dass sich auch die Influence Costs entsprechend reduzieren.[89]

Andere Modelle gehen nicht nur von Beeinflussungskosten aus, sondern unterstellen darüber hinaus auch noch aufgrund der Beeinflussungsaktivitäten eine Ineffiziente Kapitalallokation im Konzern.[90]

Keine Beeinflussungsaktivitäten in dem Sinne, vielmehr aber ein opportunistisches Verhalten der Bereichsmanager mit sogenannten „Rent-Seeking" Aktivitäten, werden im Model von Scharfstein und Stein unterstellt. Die Bereichsmanager teilen dabei ihre Arbeitszeit in produktive Tätigkeiten und Rent-Seeking Aktivitä-

---

[87] Vgl. Shleifer/Vishny (1989), S. 123-124.
[88] Vgl. Amihud/Lev (1981), S. 606-607.
[89] Vgl. Meyer et al. (1992), S. 15-19.
[90] Vgl. Wulf (2009), S. 308-311.

ten auf, die ihre Position bzw. ihren Wert auf dem Arbeitsmarkt erhöhen, aber dem Konzern keinen wirklichen Vorteil bringen. Beispielsweise in dem die Bereichsmanager externe Reden halten oder Konferenzen besuchen, statt produktiver Arbeit nachzugehen. Insbesondere für Manager von schwachen Geschäftsbereichen ist der private Nutzen bei Rent-Seeking Aktivitäten am höchsten. Um die Bereichsmanager von solchen Aktivitäten abzuhalten und sie vielmehr zu einer für das Unternehmen wertschaffenden Ressourcenverwendung zu bewegen, muss die Konzernführung die Bereichsmanager bestechen. Diese Bestechung erfolgt nicht mittels direkter Geldzahlungen, sondern eher durch die Zuteilung von zusätzlichen Investitionsmitteln. Die Tatsache, dass bei den schwachen Geschäftsbereichen die größten Bestechungssummen erforderlich sind, führt dazu, dass die Konzernspitze zu viele Finanzmittel an unrentable Bereiche verteilt und folglich zu wenig in die rentablen Bereiche investiert wird. Insofern kann dies zu einer deutlichen Fehlallokation der finanziellen Ressourcen auf dem internen Kapitalmarkt führen.[91]

„Empirische Untersuchungen scheinen die These einer ineffizienten internen Kapitalmarktallokation zu bestätigen. Scharfstein (1998), Shin/Stulz (1997) und Lamont (1996) beobachten tatsächlich ‚Cross Subsidization' in diversifizierten Konzernen, da die Investments verschiedener Bereiche systematisch voneinander abhängig sind. Diese Ergebnisse beweisen zwar nicht die Modelle von Scharfstein/Stein (2000) oder Meyer/Milgrom/Roberts (1992) bzw. Wulf (2000), lassen sie aber sehr plausibel erscheinen."[92]

Desinvestitionen können somit als ein geeignetes Instrument zur Beseitigung der Beeinflussungskosten als auch der Fehlallokation des Investitionsbudgets betrachtet werden. „Durch die Verkleinerung bzw. Auflösung des internen Kapitalmarktes entfällt die Grundlage für Influence Costs, wie auch für die Gefahr der Fehlallokation in Folge von Bestechungszwängen. Im Ergebnis senken Desinvestitionen die Agency-Kosten zwischen dem Konzern und den Anteilseignern, in dem sie eine Stufe des Agency-Problems beseitigen."[93]

---

[91] Vgl. Scharfstein/Stein (2000), S. 2538-2545; Bühner (2004), S. 32-33; Stienemann (2003), S.100-101.

[92] Stienemann (2003), S. 101.

[93] Stienemann (2003), S. 102.

4.1.2 Prinzipal-Agent-Beziehungen zwischen den Anteilseignern und der Konzernspitze

Desinvestitionen können nicht nur Ineffizienzen des internen Kapitalmarktes beseitigen, sondern auch die Agency-Kosten und Informationsasymmetrien zwischen den Anteilseignern und der Konzernspitze reduzieren. Im Folgenden werden deshalb die Prinzipal-Agent-Konflikte auf der ersten Stufe genauer dargestellt.

Die von Jensen aufgestellte „Free Cashflow" Hypothese beschreibt ein Überinvestitionsproblem, bei dem die Konzernspitze das Thesaurieren von finanziellen Überschüssen der Ausschüttung an die Anteilseigner vorzieht. Hierbei wird davon ausgegangen, dass die Konzernführung auch nach Investition in alle Projekte mit positivem Kapitalwert stets noch überschüssige Finanzmittel zur Verfügung hat. Diese investiert die Konzernspitze nun auch in weniger effiziente bzw. wertmindernde Unternehmensbereiche und Projekte, also über das optimale Investitionsvolumen hinaus, anstatt die finanziellen Überschüsse auszuschütten oder zur Tilgung von Verbindlichkeiten zu verwenden. Zum einen wird dadurch der Handlungsspielraum des Managements vergrößert, da die freien Cashflows und deren Verwendung nicht der Kapitalmarktkontrolle unterworfen werden, zum anderen hat die Unternehmensführung aber auch einen Anreiz, das Unternehmen zu vergrößern, um mehr Macht und Prestige zu erhalten (Empire Building). Oftmals korreliert die Entlohnung der Konzernspitze mit der Unternehmensgröße positiv.[94]

Des Weiteren hat die Konzernführung häufig auch einen Anreiz, eine Diversifikationsstrategie zu verfolgen, da durch die Kombination mehrerer nicht miteinander korrelierten Geschäftsbereiche das Gesamtrisiko bei gleicher Rendite reduziert werden kann.[95] Dies stellt jedoch keine Unternehmenswertsteigerung für die Aktionäre dar, denn diese können auch selbst in ihrem eigenen Portfolio eine entsprechende Diversifikation erreichen, indem sie Titel aus verschiedenen Branchen und Risikoklassen individuell auswählen und gewichten.[96] Die Konzernführung hat jedoch keine Möglichkeit, ihr Humankapital auf unterschiedliche Arbeit-

---

[94] Vgl. Jensen (1986)., S. 323–324; Bühner (2004), S. 22.

[95] Vgl. Amihud/Lev (1981), S. 605-607.

[96] Vgl. Levy/Sarnat (1970), S. 668.

geber zu verteilen, weshalb nur die Diversifikation auf Unternehmensebene zur Risikominimierung verbleibt.[97]

Das bereits angesprochene Management Entrenchment ist nicht nur zwischen der Konzernleitung und den Bereichsmanagern zu beobachten, sondern ebenso zwischen den Anteilseignern und der Konzernspitze. Diese ist bestrebt, spezifische Investitionen durchzuführen, sodass die Firmenstruktur auf die Fähigkeiten der Konzernführung zugeschnitten wird - auch wenn diese Investitionen nicht wertsteigernd oder sogar wertvernichtend sind. Dadurch, dass die getätigten Investitionen unter der eigenen Führung einen höheren Wert als unter fremder bzw. alternativer Führung haben, kann die Konzernspitze ihren Arbeitsplatz sichern und eine höhere Entlohnung fordern. Zum Beispiel geschieht dies mit Hilfe von Investitionen in spezifische Geschäftsbereiche, in denen die betroffenen Manager als Experten gelten, oder, sofern die Konzernspitze nicht unbedingt spezifische Branchenkenntnisse aufweist, auch durch eine starke Diversifikation, wenn die Kompetenzen vielmehr in der Führung einer Holding liegen. Daraus folgernd können Desinvestitionen einerseits für die Konzernspitze vorteilhaft sein, wenn sie Bereiche abstoßen, die nicht in deren Kompetenzprofil passen, anderseits kann das Festhalten an einem diversifizierten Konzern wiederum zu einer Risikominimierung und besseren Entlohnung der Manager beitragen.[98]

Die Reduzierung des Arbeitsplatzverlustrisikos durch Diversifikation bzw. der Zukauf von spezifischen Geschäftsbereichen führt dazu, dass die Manager bei der Durchführung von M&A häufig einen, aus Sicht der Aktionäre, zu hohen Kaufpreis bezahlen.[99]

Sollte die Konzernspitze nun im Rahmen des „Entrenchment" einen unpassenden Geschäftsbereich freiwillig desinvestieren, ist eine Wertsteigerung zu erwarten. Dies ist damit zu begründen, dass in der Regel mindestens ein Käufer für diesen Bereich besser geeignet ist, da die Konzernführung diesen Bereich ja aufgrund mangelnder Kompetenzen und der Gefährdung der persönlichen Stellung bzw. Substitution abstoßen will. Es gibt dementsprechend eine bessere Verwendungsmöglichkeit der Assets außerhalb des Konzerns, was sich in der Regel im Kaufpreis widerspiegelt. Geht man zusätzlich davon aus, dass auch der geeignete

---

[97] Vgl. Bartsch (2005), S. 25.

[98] Vgl. Shleifer/Vishny (1989), S. 123-126; Stienemann (2003), S. 104.

[99] Vgl. Shleifer/Vishny (1989), S. 134-136.

Käufer persönliche Interessen verfolgt und einen privaten Nutzen aus der Übernahme ziehen kann, ist auch dieser bereit, dafür einen höheren Preis zu zahlen, sodass eine Desinvestition letztendlich immer zu einer Wertsteigerung führen sollte.[100]

4.2 Informationshypothese

Die Informationshypothese betrachtet die Informationsbeziehungen zwischen dem Konzern und seinen (potenziellen) externen Investoren. Grundsätzlich ist die Bewertung einzelner Unternehmensbereiche aufgrund der Struktur eines diversifizierten Konzerns und der daraus resultierenden Intransparenz für externe Investoren erschwert. Dies verhindert eine effiziente Kapitalmarktbewertung und führt zu einer vorsichtigen Durchschnittsbewertung (mit Risikoabschlag) des konsolidierten Konzerns. Daher präferieren Investoren eher so genannte „Pure-Plays", also Unternehmen, die sich auf einen Geschäftsbereich fokussiert haben.[101]

Bei der Ankündigung einer Desinvestition werden in der Regel neue Informationen über den Konzern und insbesondere über das Desinvestitionsobjekt bekanntgegeben. Beispielsweise sind Informationen über die Performance des zu desinvestierenden Geschäftsbereiches offenzulegen, die zuvor im Rahmen der Segmentberichterstattung aufgrund der hohen Aggregation nicht einsehbar waren.[102]

Bei einer Börseneinführung müssen zudem strenge und umfangreiche Publizitätspflichten erfüllt werden. Insbesondere die gesetzliche Prospekthaftung lässt auf eine hohe Qualität und Glaubwürdigkeit der neuen Informationen schließen. Darüber hinaus muss das Tochterunternehmen künftig ihre eigene Jahres- bzw. Zwischenberichte erstellen, prüfen lassen und entsprechend offenlegen. Hält nun die Muttergesellschaft weiterhin eine Beteiligung an der börsennotierten Tochter, so ist, aufgrund der täglichen Kurznotierung, die Bewertung dieser Tochterbeteiligung deutlich transparenter und leichter.[103]

„Auf Grund der weniger komplexen Konzernstruktur und der erhöhten Glaubwürdigkeit werden Jahresabschlusszahlen etc. leichter interpretierbar und auf

---

100 Vgl. Shleifer/Vishny (1989), S. 136-136; Stienemann (2003), S. 104-105.
101 Vgl Huson/MacKinnon (2003), S. 481–485; Charifzadeh (2002), S. 196-197.
102 Vgl. Gilson/Healy/Noe/Palepu (1997), S. 1-5.
103 Vgl. Mathesius (2004), S. 64-65.

Branchen spezialisierte Analysten wie die Anteilseigner selbst können treffsicherer Voraussagen machen, so dass die Risikoprämie für die nun geringere Informationsasymmetrie sinken müsste. Dementsprechend sollte die Konzernbewertung steigen."[104]

Außerdem ist nach der Desinvestition durch Equity Carve-outs oder Spin-offs eine Zunahme an Analysten zu beobachten, die sich mit der Muttergesellschaft bzw. der abgespaltenen Tochter befassen. Anhand der besseren Offenlegung und Qualität der Informationen hat sich daneben auch die Schätzungsgenauigkeit der Analysten sichtbar verbessert.[105]

4.3 Managementeffizienzhypothese

Die Managementeffizienzhypothese geht von einer Leistungssteigerung des Managements aus, welche im Rahmen einer Desinvestition und der damit verbunden Veränderung der internen Führungsstrukturen einhergeht.[106]

Das erste Problem, das aufgegriffen wird, sind die häufig komplexen Strukturen von Konglomeraten, die dazu führen, dass die Kapazitäten der Manager nicht ausreichen, um die diversen Unternehmensbereiche zu leiten. Ferner fehlt dem Management oftmals auch das erforderliche Fach- und Marktwissen in den verschiedenen bzw. in einzelnen Bereichen, welches für eine erfolgreiche Steuerung aller Unternehmensbereiche notwendig ist. Zunehmende Diversifikation kann somit das Management überlasten, was zu abnehmenden Grenzerträgen der Managementleistung bzw. Managementeffizienz führt.[107] Die Reduktion der Komplexität durch Desinvestitionen kann sich demnach in zweierlei Hinsichten positiv auf den Unternehmenswert auswirken: zum einen ist das Unternehmen dadurch für die Manager leichter „führbar", und zum anderen für externe Investoren leichter „verstehbar".[108]

---

[104] Stienemann (2003), S. 109.

[105] Vgl. Gilson/Healy/Noe/Palepu (2001), S. 565–569.

[106] Vgl. Charifzadeh (2002), S. 201

[107] Vgl. Markides (1997), S. 95-96; Charifzadeh (2002), S. 202.

[108] Vgl. Achleitner/Wahl (2003), S. 77.

Das zweite Problem, das die Managementeffizienzhypothese aufgreift, sind die in Kapital 4.1 angesprochenen Informationsasymmetrien in diversifizieren Konzernen und das damit einhergehende Moral-Hazard-Problem.[109]

Mit Hilfe von Desinvestitionen können die Informationsasymmetrien nicht nur abgebaut werden, sondern das Verhalten der Manager ist angesichts verstärkter direkter und indirekter Kontrollen besser kontrollier- und steuerbar, was ebenfalls zu einer Effizienzsteigerung des Managements führen kann.[110]

Direkte Kontrolle wird bei einer Desinvestition beispielsweise damit erreicht, indem der abgespaltene Unternehmensteil eine eigenständige und rechtlich selbständige Gesellschaft wird und infolgedessen entsprechende Kontrollorgane eingerichtet werden müssen. Zudem sind auch die gesetzlichen Publizitätspflichten zu erfüllen und der Jahresabschluss ist von einem unabhängigen Wirtschaftsprüfer zu testieren.[111]

Indirekte Kontrolle ist insbesondere aufgrund der Börsennotierung des abgespaltenen Unternehmens gegeben, da das Management nun auch der Kontrolle des Kapitalmarktes unterliegt und somit einen weiteren Anreiz hat, im Interesse der Anteilseigner zu handeln. Hält der Mutterkonzern noch einen gewissen Anteil an dem ausgegliederten Unternehmensbereich, so kann die bessere Kontrolle und Effizienz der Manager aus diesem Bereich auch zu einer Wertsteigerung des Mutterkonzerns führen.[112]

Neben einem effizienten Kontrollsystem können die Agency-Konflikte auch durch Anreizmechanismen gemindert bzw. die Nutzenfunktionen beider Parteien aneinander angeglichen werden. Die Einführung einer leistungsabhängigen Vergütungsstruktur, beispielsweise auf Basis des Total Shareholder Return, stellt bei Konglomeraten jedoch ein Problem dar, da der Erfolg des Gesamtunternehmens nicht direkt auf den Leistungsbeitrag einzelner Manager und Führungskräfte der verschiedenen Unternehmensbereiche zurückgeführt werden kann und demzufolge nur eine Durchschnittsleistung aller Agenten als Grundlage für die variable Vergütung dient. Somit sind nur bedingt Rückschlüsse auf die Leistung einzelner Agenten bzw. Unternehmensbereiche möglich. Für das Management der ver-

---

[109] Vgl. Kapital 4.1.
[110] Vgl. Charifzadeh (2002), S. 204-205.
[111] Vgl. ebenda.
[112] Vgl. ebenda.

schiedenen Bereiche ist ein Anreizsystem, das auf dem Ergebnis des Gesamtunternehmens basiert, oftmals unbedeutend oder unter Umständen kontraproduktiv.[113]

Mit einer Desinvestition wird aus dem betroffenen Unternehmensbereich in der Regel eine eigenständige Einheit und es können spezifische leistungsorientierte Entlohnungssysteme implementiert werden. Insbesondere bei einer Platzierung an der Börse kann die Managerentlohnung direkt an die Shareholder Value Entwicklung gekoppelt werden. Durch die effiziente Zuteilung von Entscheidungskompetenzen, die entsprechende Ergebnisverantwortung und die spezifische leistungsabhängige Vergütung können Desinvestitionen somit einen Anreiz und Motivation für die Manager schaffen, effizient und effektiv im Sinne der Anteilseigner zu handeln.[114]

4.4 Signalingeffekte

Signalingeffekte stellen an sich keine reale Unternehmenswertsteigerung dar, vielmehr wird lediglich eine Neubewertung aufgrund zusätzlicher Informationen am Kapitalmarkt vorgenommen.[115]

In dem Model von Myers und Majluf wird davon ausgegangen, dass das im Interesse der (Alt-)Aktionäre handelnde Management eine Investitionsmöglichkeit mit positivem Kapitalwert nicht realisieren kann, da nicht genug finanzielle Mittel zur Verfügung stehen. Um diese Finanzierungslücke zu schließen, hat das Management grundsätzlich die Möglichkeit Fremdkapital aufzunehmen, eine Kapitalerhöhung vorzunehmen oder eine Desinvestition durchzuführen. Der Konzernspitze stehen hierbei mehr Informationen über den wahren Wert des Unternehmens als dem externen Kapitalmarkt zur Verfügung - entsprechend ist eine Informationsasymmetrie anzunehmen. Geht man nun davon aus, dass das rentable Projekt mit Hilfe einer Kapitalerhöhung finanziert werden soll und das Unternehmen unterbewertet ist, würde die Emission der jungen Aktien zu einem Preis unterhalb des tatsächlichen Unternehmenswertes stattfinden. Dies würde wiederum einen Vermögenstransfer von alten Aktionären zu den neuen Aktionären bedeuten. Handelt das Management nun im Sinne der Altaktionäre, wird es nur

---

[113] Vgl. Charifzadeh (2002), S. 206-207; Achleitner/Wahl (2003), S. 74-75.

[114] Vgl. ebenda.

[115] Vgl. Mittnacht (2006), S. 79.

dann eine Kapitalerhöhung durchführen, wenn der Vermögenstransfer von Alt- zu Neuaktionären kleiner ist als der Kapitalwert des neuen Investitionsobjektes für die Alteigentümer. Unterbewertete Unternehmen führen deshalb tendenziell keine Kapitalerhöhung durch und versuchen stattdessen eine alternative Finanzierungsquelle zu erschließen. Im Umkehrschluss kann das Ankündigen einer Kapitalerhöhung oftmals als Signal für ein überbewertetes Unternehmen gesehen werden.[116]

„Sind die Transaktionskosten bei einer Desinvestition geringer als bei der Aufnahme neuer Fremdmittel oder ist der Verschuldungsgrad schon hoch, dann entscheidet sich das Management für eine Desinvestition. Die Ankündigung der Desinvestition signalisiert daher dem Markt eine Unterbewertung des Unternehmens"[117]

Im Speziellen auf den Equity Carve-out bezogen, wird bei einer Primärplatzierung der Anteile, also einer Kapitalerhöhung bei dem Tochterunternehmen, eine Überbewertung der Tochter signalisiert. Bei dem Mutterunternehmen wird hingegen, wie im vorherigen Abschnitt erläutert, eine Unterbewertung angenommen. Ist der Rumpfkonzern weiterhin größer als die abgespaltene Tochter, signalisiert dies eine Unterbewertung des gesamten Konzerns. Dementsprechend ist mit einer positiven Reaktion des Marktes zu rechnen.[118]

Allerdings sprechen empirische Ergebnisse eher gegen die Signaling-Theorie und es ist ferner nicht immer anzunehmen, dass das Management im Interesse der Altaktionäre handelt.[119]

Da mit der Durchführung einer Desinvestition eine Unterbewertung des Unternehmens signalisiert wird, sollte auch bei Scheitern dieser Desinvestition der Wertzuwachs bestehen bleiben. Dennoch ist ein negativer Kurseffekt bei dem Scheitern von Desinvestition zu beobachten, sodass der Einfluss von Signalingeffekten eher abzulehnen ist.[120]

Ebenfalls ist die Überlegung, dass bei einem Equity Carve-out mit einer positiven Kursreaktion zu rechnen ist, solange das Tochterunternehmen kleiner ist als der

---

[116] Vgl. Myers/Majluf (1984), S. 187-189; Mittnacht (2006), S. 79; Bühner (2004), S. 79.
[117] Mittnacht (2006), S. 79.
[118] Vgl. Nanda (1991), S. 117-122; Bühner (2004), S. 79-80.
[119] Vgl. Mittnacht (2006), S. 80-81.
[120] Vgl. Hite et al. (1987), S. 239-244.

Rumpfkonzern bzw. mit zunehmender relativer Größe der Tochter ein entsprechend kleinerer Wertzuwachs zu erwarten ist, empirisch nicht nachgewiesen. Im Gegenteil, mit zunehmender relativer Größe der abgespaltenen Tochter steigt zum Teil auch der Aktienkurs.[121]

4.5 Auflösung von Dyssynergien

Den in Kapital 3.1 aufgeführten Synergieeffekten durch Diversifikation stehen auch einige Gegenargumente entgegen. Mit der Durchführung von M&A-Transaktionen wird für gewöhnlich die Schaffung bzw. das Heben von Synergieeffekten angestrebt. Allerdings treten die erhofften Synergien häufig nicht bzw. nicht wie erwartet ein oder es werden unter Umständen sogar negative Synergieeffekte (Dyssynergien) geschaffen, die zu einer Vernichtung des Unternehmenswertes führen.[122]

Eine Desinvestition kann somit wertschaffend sein, wenn infolgedessen vorhandene Dyssynergien eliminiert werden. Analog zu den bereits erläuterten positiven Synergien lassen sich negative Synergien in operative und finanzielle Dyssynergien unterteilen.[123]

Zum einen kann neben dem Ausbleiben von umsatzsteigernden Synergieeffekten auch der Umsatz aufgrund einer Diversifikation zurückgehen. Umsatzminimierende Dyssynergien können zum Beispiel entstehen, wenn sich die Produkte im Konzernverbund bezüglich ihres Markenauftritts negativ beeinflussen bzw. es zu einem negativen Imagetransfer zwischen den Produkten kommt (negatives Branding).[124] So hatte beispielsweise Daimler-Benz nach dem Zusammenschluss mit Chrysler dafür zu sorgen, dass der Ruf der „Premiummarke" Mercedes-Benz nicht angesichts der Fusion mit einem „ausländischen Massenhersteller" in der Öffentlichkeit geschädigt wird.[125]

Zum anderen können umsatzreduzierende Dyssnergien auch dann entstehen, wenn die Konkurrenten eines Geschäftsbereiches gleichzeitig die potenziellen Kunden eines anderen Geschäftsbereiches sind, diesen aber aufgrund des beste-

---

[121] Vgl. Vijh (2002), S. 188-189; Bühner (2004), S. 80.

[122] Vgl. Achleitner/Wahl (2003), S. 91-92.

[123] Vgl. Ostrowski (2008). S. 79.

[124] Vgl. Charifzadeh (2002), S. 212.

[125] Vgl. Achleitner/Wahl (2003), S. 92.

henden Wettbewerbes zum anderen Geschäftsbereich boykottieren. Deutlich wird dies am Beispiel des PepsiCo Konzerns, zu welchem in den 90er Jahren neben dem klassischen Getränke- und Lebensmittel-Geschäft auch noch einige namenhafte Restaurantketten gehörten. Diese Konstellation führte dazu, dass andere Restaurantketten, wie beispielsweise McDonalds, den Verkauf von Pepsi Getränken unterbunden haben, da dies ja indirekt auch die Restaurants im PepsiCo Konzernverbund und somit die direkten Konkurrenten stärken würde. Als Konsequenz jener umsatzschädigenden Situation entschloss sich der PepsiCo Konzern im Jahre 1997, seine Restaurantketten im Rahmen eines Spin-Offs abzuspalten.[126]

Des Weiteren können bei einer Diversifikation kostensteigernde Dyssynergien in Form von negativen Skalenerträgen (Diseconomies of Scale) und negativen Verbundvorteilen (Diseconomies of Scope) entstehen.[127]

Negative Skalenerträge treten auf, wenn mit zunehmender Produktionsmenge bzw. zunehmender Unternehmensgröße und Diversifikation steigende Durchschnittskosten einhergehen - wie der U-förmige Verlauf der Durchschnittskostenkurve in Abbildung 6 verdeutlicht.[128]

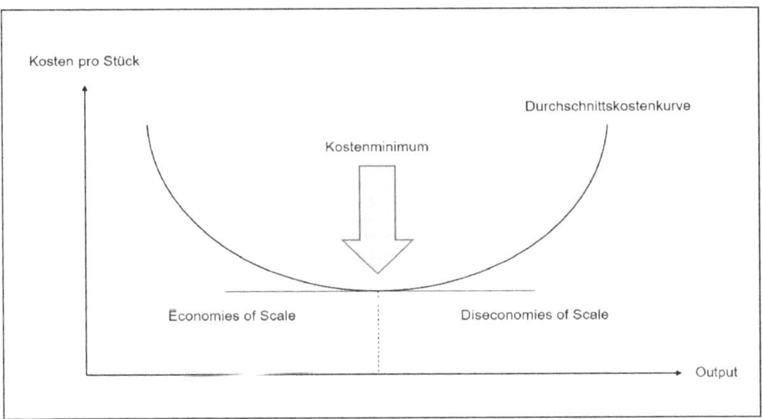

Abbildung 6: Economies and Diseconomies of Scale
Quelle: In Anlehnung an Gaughan (2007), S. 127.

---

[126] Vgl. Charifzadeh (2002), S. 212-213. Die drei Restaurantketten KFC, Pizza Hut und Taco Bell wurden in einer neu gegründeten Firma (Tricon Global Restaurants, seit 2002 YUM! Brands) gebündelt und dann per Spin-Off abgespalten.

[127] Vgl. Vollmar (2014), S. 113.

[128] Vgl. Gaughan (2007), S. 127.

Der Anstieg der Durchschnittskosten ist mit überproportional steigendem Personal- und Verwaltungsaufwand erklärbar.[129] So ergeben sich Ineffizienzen aufgrund einer höheren Bürokratisierung und steigenden Transaktionskosten der internen Leistungsbereitstellung. Oftmals lassen sich auch doppelte Prozesse nicht vollständig beseitigen und zentrale Verwaltungsstrukturen verlieren mit steigender Unternehmensgröße an Effizienz. Letztendlich kann dies zu einer Einschränkung der Flexibilität und Anpassungsfähigkeit an veränderte Umweltbedingungen führen.[130]

„Nach der Theorie negativer Skalenerträge gelingt der Zentrale des diversifizierten Unternehmens mit zunehmender Grösse und Komplexität der Organisationsstruktur insgesamt entweder die effiziente Verteilung von Ressourcen nicht mehr (Diseconomies of Decision Management) oder die Kosten für die Informationsbeschaffung, die eine effiziente Verteilung der Produktionsfaktoren ermöglichen könnten, sind unverhältnismässig hoch (Diseconomies of Decision Control and Managerial Monitoring)."[131]

Bei Diseconomies of Scope können die Verflechtungen und das Zusammenfügen verschiedener Geschäftsbereiche zu negativen Verbundeffekten führen.[132] Insbesondere dann, wenn die einzelnen Geschäftsbereiche sehr verschieden sind und nicht wirklich zueinander passen bzw. sich nicht im Unternehmensportfolio strategisch ergänzen (Strategic Misfit), können sich diese Bereiche gegenseitig behindern und somit den Unternehmenswert negativ beeinflussen.[133]

Aufgrund dieser Verschiedenartigkeit der Bereiche eines Konglomerats können Informationen und Erkenntnisse aus einem Geschäftsbereich oftmals nicht auf einen anderen übertragen werden und die zunehmende Unternehmensgröße sowie Komplexität führt zu Koordinations- und Motivationshindernissen. Es besteht demzufolge häufig ein Problem der Nichtübertragbarkeit von Managementkapazitäten bzw. Managementfähigkeit auf die unterschiedlichen Geschäftsbereiche des diversifizierten Konzerns. Unabhängig von dem erforderlichen fundierten Wissen der Manager, beispielsweise über verschiedene Märkte bei einer lateralen Diversi-

---

[129] Vgl. Charifzadeh (2002), S. 213.
[130] Vgl. Vollmar (2014), S. 114.
[131] Vollmar (2014), S. 114.
[132] Vgl. Dixon (1994), S. 123.
[133] Vgl. Achleitner/Wahl (2003), S. 93-94; Vollmar (2014), S. 114.

fikation, geht man davon aus, dass bei zunehmender Diversifikation die Produktivität der Manager sinkt und letztendlich suboptimale Entscheidungen getroffen werden.[134]

Die finanziellen Dyssynergien gehen aus der in Kapitel 4.1.1.2 beschrieben Ineffizienzen des internen Kapitalmarktes hervor. So kann aufgrund der erläuterten Agency Konflikte unter anderem keine optimale Kapitalallokation gewährleistet werden und eine interne Subventionierung von unrentablen Geschäftsbereichen stattfinden.[135]

Nach dem Modell von Raja, Servaes und Zingales ist die Ressourcenallokation dabei umso ineffizienter, je unterschiedlicher die einzelnen Geschäftsbereiche im Hinblick auf die Erfolgsaussichten und die zur Verfügung stehenden Unternehmensressourcen sind.[136]

Zusammenfassend kann festgehalten werden, dass negativen Synergien bei einem Konglomerat in Summe die positiven Synergien übersteigen können und es somit zu einer Unternehmenswertminderung kommen kann. So wirken sich beispielsweise umsatzminimierende und kostensteigernde Dyssynergieeffekte unmittelbar auf den Cashflow aus, sodass ein Desinvestition der Unternehmensteile, die diese negativen Effekte verursachen, wertschaffend sein kann.[137]

Dabei ist zu beobachten, dass insbesondere durch die Desinvestition von unverwandten Unternehmensbereichen Dyssynergien beseitigt und folglich Unternehmenswert geschaffen werden kann.[138]

---

[134] Vgl. Charifzadeh (2002), S. 73, vgl. auch Kapitel 4.3

[135] Vgl. Kapitel 4.1.1

[136] Vgl. Rajan/Servaes/Zingales (2000), S. 35-38.

[137] Vgl. Charifzadeh (2002), S. 213-214; Hite/Owers (1983), S. 410.

[138] Vgl. Daley/Mehrotra/Sivakumar (1997), S. 263-266.

4.6 Werttransferhypothese

Die Werttransferhypothese unterstellt, dass durch die Desinvestition eines Unternehmensteils kein realer Wert geschaffen wird, vielmehr ist der Wertgewinn der Anteilseigner auf den einhergehenden Wertverlust Anderer zurückzuführen.[139]

Bei einem Sell-off findet beispielsweise ein Vermögenstransfer vom Käufer hin zum Anteilseigner statt, wenn der Käufer für den zu verkaufenden Unternehmensteil einen Kaufpreis zahlt, der über dem eigentlichen ökonomischen Wert liegt. Erklären lässt sich dies unter anderem anhand der bereits angesprochene Free Cashflow Hypothese und dem Management Entrenchment, welches ein Eigeninteresse der Manager (in dem Fall des Käufers) unterstellt.[140]

Betrachtet man hingegen einen Equity Carve-out, kommt es zu einem Vermögenstransfer zwischen den Anteilseignern. Werden die Aktien der Tochter unterhalb ihres tatsächlichen Wertes an der Börse platziert, findet ein Vermögensverlagerung von den alten Aktionären zu den neuen Aktionären statt. Insbesondere das oftmals auftretende Phänomen des „Underpricing" (Emissionspreis < Erstnotiz) kann sich hierbei wertmindernd auf die Altaktionäre auswirken.[141]

Gelingt es dem Management dagegen die Aktien des Tochterunternehmens oberhalb ihres tatsächlichen Wertes an der Börse zu platzieren, kommt es zu einer Vermögensverlagerung von den neuen Aktionären zu den alten Aktionären.[142]

„Die Abspaltung eines überbewerten Tochterunternehmens kann dann trotz Underpricing eine positive Kursreaktion beim Mutterunternehmen implizieren. Empirische Unterstützung für diese Überlegungen liefert Powers (2003), der zeigt, dass Equity Carve-outs zum Höhepunkt ihrer operativen Performance an die Börse gebracht werden sowie Hand/Skantz (1999), die zu dem Ergebnis kommen, dass Equity Carve-outs in überbewerteten Märkten platziert werden."[143]

---

[139] Vgl. Mittnacht (2006), S. 40.

[140] Vgl. Mittnacht (2006), S. 81.

[141] Vgl. Bühner (2004), S. 107-109. Das Phänomen des Underpricing ist nahezu an allen Kapitalmärkten weltweit zu beobachten und tritt ein, wenn der Emissionspreis bei neu emittierten Wertpapieren niedriger ist, als der erste Börsenkurs. Erklärungsansätze hierfür stammen unter anderem von Rock (1986), in dessen Gleichgewichtsmodell die uninformierten Investoren dem so genannten „winner's curse" unterliegen.

[142] Vgl. ebenda.

[143] Bühner (2004), S. 110.

Ein weiterer Werttransfer kann zwischen Eigenkapital- und Fremdkapitalgebern stattfinden, da die Desinvestition zu einer Umverteilung der Vermögensgegenstände führt und die Fremdkapitalgeber somit anderen Rahmenbedingungen ausgesetzt sind. Werden beispielsweise im Zuge eines Spin-offs hauptsächlich die Vermögensgegenstände an das abzuspaltende Unternehmen übertragen, ohne auch die entsprechenden Verbindlichkeiten pro rata zuzuteilen, wird die Sicherungsmasse der Fremdkapitalgeber des Mutterkonzerns geschmälert.[144]

„In effect the stockholders have ‚stolen away' a portion of the bondholders' collateral since they no longer have any claim on the assets of the new firm."[145]

Sofern solche Ereignisse nur schwer vorhersehbar sind, die Haftungsmasse kleiner wird und sich die Cashflows zur Bedienung der Fremdkapitaleber verringern, steigt das Risiko der Fremdkapitalgeber zwangsläufig an. Dies hat zur Folge, dass der Marktwert des Fremdkapitals sinkt und eine Vermögensverlagerung von Fremdkapitalgebern zu Eigenkapitalgebern stattfindet.[146]

Die theoretisch nachvollziehbaren Aspekte der Vermögensverlagerung von Fremdkapitalgebern hinzu Eigenkapitalgebern konnten empirisch jedoch nicht bestätigt werden und sind in der Praxis oftmals irrelevant.[147] Zu begründen ist dies damit, dass sich die Fremdkapitalgeber in der Regel vertraglich mit sogenannten „Covenants" absichern. Diese Vertragsklauseln sehen beispielsweise vor, dass im Falle einer Desinvestition das Fremdkapital risikowahrend aufgeteilt wird bzw. sowohl der Mutterkonzern als auch der abgespaltene Unternehmensteil für die Haftung und Bedienung der bestehenden Verbindlichkeiten einstehen.[148]

Ob und wieweit die dargestellten theoretischen Erklärungsansätze zu einer Unternehmenswertsteigerung führen, wird in Kapitel 6 anhand empirischer Befunde untermauert. Nachfolgend werden jedoch noch zuerst die Kriterien zur Wahl eines geeigneten Desinvestitionsinstrumentes aufgezeigt.

---

144 Vgl. Hite/Owers (1983), S. 412-413;

145 Galai/Masulis (1976), S. 69, zitiert nach Hite/Owers (1983), S. 450.

146 Vgl. Hite/Owers (1983), S. 412.

147 Vgl. Hite/Owers (1983), S. 409-435; Schipper/Smith (1983), S. 437-466. Beide Untersuchungen konnten die Werttransferhypothese nicht bestätigen. Mehrheitlich wurden sogar steigende Aktienkurse als auch steigende Anleihenkurse festgestellt.

148 Vgl. Hite/Owers (1983), S. 412; Charifzadeh (2002), S. 210.

5 Wahl des Desinvestitionsinstrumentes

In der Regel wird anhand von ausführlichen Analysen die Desinvestition eines Unternehmensteils entschieden und erst anschließend werden die zur Verfügung stehenden Desinvestitionsinstrumente mit ihren unterschiedlichen Eigenschaften auf ihre Vorteilhaftigkeit geprüft. Allerdings ist es auch möglich, dass das Instrument bereits feststeht und nur noch ein geeignetes Desinvestitionsobjekt gesucht wird. Benötigt ein Konzern zum Beispiel (krisenbedingt) neue finanzielle Mittel, um damit seine Verbindlichkeiten zu tilgen oder um notwendige Investitionen in das Kerngeschäft zu tätigen, kommt nur ein Equity Carve-out oder ein Sell-off in Frage.[149]

Ist die Finanzierungsfunktion das Hauptmotiv der Desinvestition, so geht man davon aus, dass diese Konzerne einen entsprechend hohen Finanzierungsbedarf haben und oftmals keine günstigere Finanzierungsalternative zur Verfügung steht. Dies könnte man auf eine relativ schlechte operative Performance sowie einen hohen Verschuldungsgrad des Mutterkonzerns zurückführen.[150]

Ein Sell-off ist dem Equity Carve-out dann vorzuziehen, wenn die potenziellen (strategischen) Investoren mit dem Desinvestitionsobjekt relativ hohe Synergieeffekte erzielen können und somit auch bereit sind, einen entsprechend hohen Kaufpreis zu zahlen. Ist das Interesse der möglichen Käufer hingegen gering und deren Kaufpreisangebot aufgrund mangelnder Synergieeffekte relativ niedrig, so kommt eher ein Equity Carve-out in Betracht. Insbesondere bei einer sehr hohen Kapitalmarktbewertung der Peer-Group, also einer Überbewertung des abzuspaltenden Unternehmens an der Börse, ist ein Equity Carve-out sinnvoll.[151]

Häufig spricht man auch vom sogenannten „window of opportunity", also einem Timing-Verhalten der Konzerne, den Equity Carve-Out in Phasen einer Überwertung des abzuspaltenden Unternehmensteils bzw. der Tochter durchzuführen.[152]

Während Equity Carve-Outs somit bei einer Überbewertung des Desinvestitionsobjektes am Kapitalmarkt durchgeführt werden sollten, ist bei einer Unterbewertung wiederum ein Spin-Off als Desinvestitionsinstrument zu wählen. So kommen

---

[149] Vgl. Stienemann (2003), S. 122.
[150] Vgl. Bühner (2004), S. 114; Nixon et al. (2000); S. 277-279.
[151] Vgl. Stienemann (2003), S. 123; Bühner (2004), S. 114.
[152] Vgl. ebenda.

mehrere empirische Studien zu dem Ergebnis, dass Unternehmensbereiche, die über einen Equity Carve-Out abgespaltet werden, deutlich profitabler sind und ein höheres Wachstum aufzeigen, als Unternehmensbereiche, die über einen Spin-off oder Sell-off desinvestiert werden.[153] „Darin kommt zum Ausdruck, dass im Falle eines Equity Carve-outs ein neuer Investorenkreis angesprochen wird, der von der Attraktivität des Investitionsobjektes überzeugt werden muss, während die Aktien bei einem Spin-off an die bisherige Aktionärsbasis verteilt werden."[154]

Sowohl der Sell-off als auch der Spin-off zeichnen sich durch die vollständige Desinvestition eines Geschäftsbereiches aus. Bei einem Tracking Stock und Equity Carve-out verbleibt dieser hingegen noch ganz bzw. teilweise im Konzernverbund.[155]

Bestehen zwischen dem Gesamtkonzern und dem Desinvestitionsobjekt große Synergieeffekte, so können diese mittels Tracking Stocks weiterhin realisiert bzw. durch Equity Carve-out zumindest noch teilweise in abgeschwächter Form genutzt werden. Bestehen andererseits nur geringe Synergieeffekte und dominieren vielmehr die Komplexitätsprobleme bzw. Agency-Konflikte, so sollte die vollständige Desinvestition mittels Sell-off oder Spin-off angestrebt werden.[156]

Des Weiteren sollten bei der Wahl des Desinvestitionsinstrumentes auch die Kosten der Unternehmensabspaltung berücksichtigt werden. Hervorzuheben sind hierbei die direkten und indirekten Emissionskosten, die im Rahmen eines Börsenganges der Tochter anfallen. So ist bei einem Equity Carve-out die Emission der Aktien durchaus auch mit einem Platzierungsrisiko verbunden, welches in der Regel von mehreren Investmentbanken übernommen wird. Bei einem Spin-off besteht hingegen kein Platzierungsrisiko, da die Aktien der Tochter direkt (pro-rata) den bisherigen Aktionären des Mutterkonzerns zugeteilt werden.[157]

Demzufolge sind die durchschnittlichen Bankgebühren bei einem Spin-off mit zwei Prozent des Emissionsvolumens deutlich geringer als bei einem Equity Car-

---

[153] Vgl. Powers (2001), S. 17-19; Michaely/Shaw (1995), S. 18-19.

[154] Bühner (2004), S. 115.

[155] Vgl. Kapitel 2.3.3 und Kapitel 2.3.4.

[156] Vgl. Anslinger/Klepper/Subramaniam (1999), S. 25-27; Stienemann (2003), S. 124.

[157] Vgl. Bühner (2004), S. 116.

ve-out, denn dort fallen Gebühren von rund sieben Prozent des Emissionsvolumens für das Banken- bzw. Emissionskonsortium an.[158]

Darüber hinaus fallen bei einem Equity Carve-out oftmals auch noch indirekte Emissionskosten an, welche auf Grund von dem bereits angesprochenen Phänomen des Underpricing entstehen. Diese negative Differenz, die entsteht, wenn die neuen Aktien der Tochtergesellschaft zu günstig angeboten werden, erhöht sich in der Regel mit zunehmender Informationsasymmetrie auf dem externen Kapitalmarkt. Wenngleich das Underpricing bei einem Equity Carve-out im Schnitt geringer ist als bei einem normalen IPO, entstehen dennoch indirekte Kosten bzw. Wertverluste für die Altaktionäre, welche bei einem Spin-off definitionsgemäß bei null liegen. Folglich ist der relative Kostenvorteil eines Spin-offs umso höher, je höher die Informationsasymmetrie.[159]

Ein weiteres Kriterium, das zu beachten ist, ist die Überlebensfähigkeit des Desinvestitionsobjektes als eigenständiges Unternehmen. Ist der abgespaltene Unternehmensbereich nur bedingt überlebensfähig, so ist lediglich ein Sell-off (an einen strategischen Investor) oder eine Emission als Tracking Stock sinnvoll.[160]

Ferner fließen noch Nebenbedingungen, wie das politische Umfeld, der Zeitbedarf und Kartellauflagen mit in die Auswahlentscheidung ein. So ist bei einer kartellbedingten Unternehmensaufspaltung beispielsweise nur ein Spin-off oder Sell-off möglich und in Anbetracht des Zeitbedarfs dauert die Durchführung bzw. Vorbereitung eines Equity Carve-outs oder Spin-offs wesentlich länger als ein Sell-off.[161]

Zusammenfassend lässt sich sagen, dass die Wahl des Desinvestitionsinstrumentes für jeden Einzelfall individuell geprüft und abgewogen werden muss. In Abbildung 7 werden deshalb nochmal die wesentlichen Kriterien und die dafür geeigneten

Desinvestitionsinstrumentes aufgezeigt.

---

[158] Vgl. Michaely/Shaw, (1995), S. 8.
[159] Vgl. Bühner (2004), S. 116-117.
[160] Vgl. Stienemann (2003), S. 124.
[161] Vgl. Stienemann (2003), S. 125.

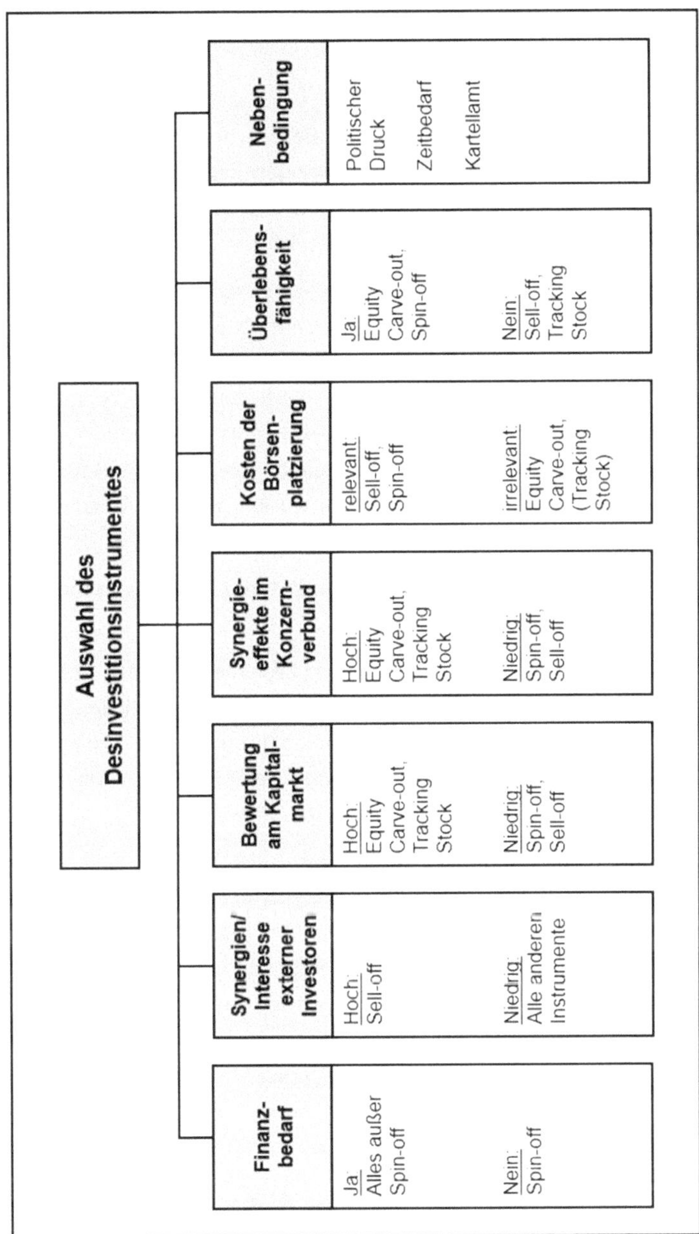

Abbildung 7: Kriterien zur Auswahl des Desinvestitionsinstrumentes
Quelle: In Anlehnung an Stienemann (2003), S. 123.

6 Empirische Befunde

6.1.1 Vorgehensweise bei Ereignisstudien

In den vorausgegangenen Kapiteln wurden die Instrumente, Motive und potenzielle Wertsteigerungsquellen von Desinvestitionen dargestellt. Es ist daher von großer Bedeutung, zu erfahren, ob eine Unternehmenswertsteigerung durch Desinvestitionen auch empirisch bestätigt werden kann.

Die zahlreichen empirischen Studien bedienen sich dabei der sogenannten Ereignisstudie, bei welcher die Aktienkursreaktion auf ein besonderes Ereignis gemessen und interpretiert wird. Das besondere Ereignis ist in diesem Fall die Ankündigung einer Desinvestition, welche als ein Indikator für die Veränderung des (intrinsischen) Unternehmenswertes interpretiert werden kann. Es wird dabei eine halbstrenge Informationseffizienz angenommen und alle relevanten Informationen, die der Konzernspitze vorliegen, werden mit der Ankündigung vollständig bekanntgegeben und in die den Aktienkurs eingepreist.[162]

Die Vorgehensweise bei Ereignisstudien erfolgt typischerweise in fünf Schritten, welche in Abbildung 8 aufgezeigt werden.

Im ersten Schritt wird das zu untersuchende Ereignis bestimmt, welches unternehmensspezifisch oder auch unternehmensübergreifend sein kann. In der Regel werden bei Ereignisstudien jedoch unternehmensspezifische Ereignisse analysiert. In den vorliegenden Studien wird entsprechend untersucht, ob die Aktionäre von dem Ereignis „Desinvestition" profitieren.[163]

Im zweiten Schritt wird daher ein Ereigniszeitpunkt bzw. Ereigniszeitraum bestimmt, bei dem die Aktienkurse um das Ereignis herum beobachtet werden, da die Kursveränderungen die Einschätzung des Kapitalmarktes bezüglich des Erfolgs- und Risikopotentials des Ereignisses widerspiegeln. Die Qualität einer Ereignisstudie hängt dabei unmittelbar von der Wahl des Ereigniszeitpunktes und -raumes ab. Problematisch ist hierbei vor allem die Festlegung des Ereigniszeitraumes, also bis alle Informationen vollständig im Aktienkurs verarbeitet sind.[164]

---

[162] Vgl. Fischer/Müller/Ober (2013), S. 159. Generell können Aktienkursveränderungen aufgrund eines Ereignisses als die von den Investoren erwartete Veränderung des Barwertes künftiger Cashflows interpretiert werden.

[163] Vgl. Ostrowski (2008), S. 120; Bowman (1983), S. 561.

[164] Vgl. Ostrowski (2008), S. 120-121; Bowman (1983), S. 565-668.

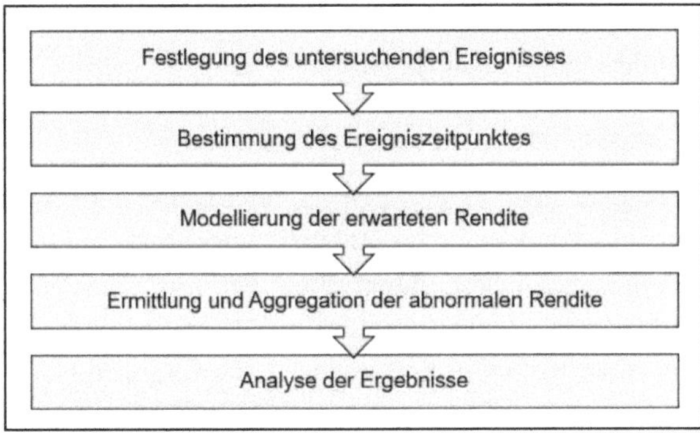

Abbildung 8: Vorgehensweise bei Ereignisstudien
Quelle: Eigene Darstellung.

Anschließend wird im dritten Schritt die erwartete Rendite anhand eines geeigneten Preisbildungsmodelles, wie beispielsweise dem Capital Asset Pricing Modell, geschätzt. Es handelt sich hierbei um die Rendite, die man ohne Eintreten des Ereignisses erwartet hätte.[165]

Im vierten Schritt wird dann die sogenannte „abnormale Rendite" bzw. „Überrendite" ermittelt, welche die Differenz zwischen tatsächlich gemessener und erwarteter Rendite darstellt. „Gemessen wird somit der Effekt, den das Ereignis auf die Rendite hat, indem die Abweichung zwischen der Rendite mit Ereignis und der Rendite, die ohne das Ereignis zu erwarten gewesen wäre, berechnet wird. Diese Differenz, d.h. die Überrendite, spiegelt also die Wirkung des Ereignisses auf die Kursreaktion der Aktie wider."[166]

Jedoch ist es möglich, dass der Aktienkurs im Ereigniszeitraum auch noch von einem anderen Ereignis beeinflusst wurde. Dieses so genannte „confounding event" ist ein Ereignis, das einen gewissen Informationscharakter hat, allerdings in keiner Beziehung zu dem eigentlich zu untersuchendem Ereignis steht.[167]

Die meisten Ereignisstudien quantifizieren die beobachtete Wertsteigerung von Desinvestitionen als kumulierte durchschnittliche abnormale Rendite bzw. Cumulative Average Abnormal Return (CAAR).[168]

---

[165] Vgl. ebenda.

[166] Ostrowski (2008), S. 125.

[167] Vgl. Wright/Groff (1986), S. 92.

[168] Vgl. Wright/Groff (1986), S. 160.

Der letzte Schritt der Ereignisstudie ist die Analyse und Interpretation der Ergebnisse, sowie die Durchführung von Signifikanztests.[169]

6.1.2 Empirische Ergebnisse

Die meisten Untersuchungen basieren auf dem US-amerikanischen Markt. Gelegentlich gibt es jedoch auch Studien, die die Ankündigungseffekte auf dem europäischen bzw. deutschen Kapitalmarkt untersuchen. Ferner unterscheiden sich die Studien in den betrachteten Ereigniszeiträumen (= Intervall: Tage vor und nach der Ankündigung einer Desinvestition) und auch die vorgenommenen Definitionen einer Desinvestition sind nicht einheitlich.

In Tabelle 1 bis 3 wird zunächst eine Auswahl an bisherigen Studien zu Equity Carve-Outs, Spin-offs und Sell-offs im US-amerikanischen Raum dargestellt:[170]

Autoren	Jahr	Zeitraum	N	Intervall	CAAR
SCHIPPER/SMITH	1986	1963-1983	76	[-4; 0] [-44; +40]	1,83 %*** k.A.
KLEIN/ROSENFELD/BERANEK	1991	1966-1983	52	[-4; 0] [-1; 0] [-40; +40]	2,75 %*** 1,06 %* k.A.
SLOVIN/SUSHKA/FERRARO	1995	1980-1991	32	[0; +1]	1,23 %**
MICHAELY/SHAW	1995	1981-1988	28	[-2; +2]	0,4 %ns
ALLEN/MCCONNELL	1998	1978-1993	186	[-1; +1]	1,90 %***
HAND/SKANTZ	1998	1981-1995	265	[-1; +1]	2,3 %***
CHEMMANUR/PAEGLIS	2000	1984-1985 1991-1998	19	[-1; +1] [-30; +30]	1,96 %** k.A.
HAUSHALTER/MIKKELSON	2001	1994-1996	31	[-1; +1] [-2; +2]	2,18 %** 3,39 %***
HULBERT/MILES/WOOLRIDGE	2002	1981-1994	185	[-1; +1]	1,92 %***
VIJH	2002	1980-1997	336	[-1; +1]	1,93 %***

***, **, * = signifikant auf dem 1 %-, 5 %-, 10 %-Niveau; n.s. = nicht signifikant

Tabelle 1: Empirische Ergebnisse zu Equity Carve-Outs in den USA
Quelle: Vgl. Ostrowski (2008), S. 132; Stienemann (2003), S. 134.

---

[169] Vgl. Bowman (1983), S. 571.

[170] Hierbei handelt es sich um keine vollständige Aufstellung aller bisherigen Studien. Empirische Ergebnisse zu Tracking Stocks werden aufgrund ihrer geringen Relevanz nicht berücksichtigt.

Autoren	Jahr	Zeitraum	N	Intervall	CAAR
HITE/OWERS	1983	1963-1981	123	[-1; 0] [-50; +50]	3,3 %*** 6,3 %[k.A.]
SCHIPPER/SMITH	1983	1963-1981	96 66	[-1; 0] [-90; +40]	2,84 %*** 1,9 %[k.A.]
MILES/ROSENFELD	1983	1962-1980	55	[0; +1] [-120;+60]	3,34 %*** 22,14%***
ROSENFELD	1984	1963-1981	35	[-1; 0]	5,56 %***
LINN/ROZEFF	1985	963-1982	53	[-1; 0] [-90; +90]	2,8 %*** k.A.
ALLEN/LUMMER/ MCCONNELL/REED	1995	1962-1991	94	[-1; 0] [-4; +4]	2,15 %*** 2,49 %***
SLOVIN/SUSHKA/ FERRARO	1995	1980-1991	37	[0; +1]	1,32 %**
MICHAELY/SHAW	1995	1981-1988	9	[-2; +2]	4,46 %*
SEWARD/WALSH	1996	1972-1987	78	[-1; +1] [-50; +20]	2,6 %*** k.A.
JOHNSON/KLEIN/ THIBODEAUX	1996	1975-1988	104	[-1; 0]	3,96 %***
WHEATLEY/BROWN/ JOHNSON	1997	1980-1993	112	[-1; +5] [-1; +19]	3,1 %*** 1,5 %*
DALEY/MEHROTRA/ SIVAKUMAR	1997	1975-1991	85	[-1; 0]	3,4 %***
CHEMMANUR/PAEGLIS	2000	1984-1985 1991-1998	19	[-1; +1] [-30; +30]	2,11 %* k.
WHEATLEY/BROWN/ JOHNSON	2005	1980-1993	112	[-1; 0]	4,0 %***

***, **, * = signifikant auf dem 1 %-, 5 %-, 10 %-Niveau; n.s. = nicht signifikant

Tabelle 2: Empirische Ergebnisse zu Spin-Offs in den USA

Quelle: Vgl. Ostrowski (2008), S. 134; Stienemann (2003), S. 134-135.

Autoren	Jahr	Zeitraum	N	Intervall	CAAR
HEARTH/ZAIMA	1984	1979-1981	58	[-5; +5] [-49; +29]	3,55 %** k.A.
ROSENFELD	1984	1969-1981	86	[-1; 0]	2,33 %***
MONTGOMERY/ THOMAS/KAMATH	1984	1976-1979	78	[-12; +12]	7,251 %*
JAIN	1985	1976-1978	162 163	[-1] {0} [-120;+120]	0,44 %*** 0,09%[n.s.] -3,9%[k.A]
KLEIN	1986	1970-1979	202	{0} [-40; +40]	1,12 %*** 4,24%[k.A.]
SICHERMAN/PETTWAY	1992	1981-1987	278	[-1; 0] [-30; +15]	0,92 %*** 2,77 %***
LOH/BEZJAK/TOMS	1995	1980-1987	59	[-3; +3]	1,83 %*
LANG/POULSEN/STULZ	1995	1984-1989	93	[-1; 0] [-5; +5]	1,41 %*** 2,80 %***
JOHN/OFEK	1995	1986-1988	258	[-2; 0]	1,5 %***
SLOVIN/SUSHKA/FERRARO	1995	1980-1991	179	[0; +1]	1,70 %***
DATTE/ISKANDAR-DATTE	1996	1983-1990	64	[-1; 0] [-10; +10]	1,047%*** k.A.
BÜHNER	1998	1993-1997	10	{0}	-0,17%***
MULHERIN/BOON	2000	1990-1999	139	[-1; +1]	2,60 %***

***, **, * = signifikant auf dem 1 %-, 5 %-, 10 %-Niveau; n.s. = nicht signifikant

Tabelle 3: Empirische Ergebnisse zu Sell-Offs in den USA

Quelle: Vgl. Ostrowski (2008), S. 135; Stienemann (2003), S. 136-137.

In der Gesamtheit kann für alle Desinvestitionsinstrumente fast durchgehend eine statistisch signifikante positive abnormale Rendite und somit eine Wertsteigerung

bei deren Ankündigung bzw. im Ereigniszeitraum beobachtet werden. Die Studien von Miles/Rosenfeld und Jain heben sich aufgrund des großen Intervalls und der festgestellten abnormalen Rendite von 22,14 Prozent bei Spin-offs beziehungsweise-3,9 Prozent bei Sell-offs besonders hervor.

„Eine eindeutige Reihenfolge nach der Höhe der abnormalen Renditen für die Instrumente Carve-out, Spin-off und Sell-off ist nicht zu ermitteln."[171]

---

[171] Stienemann (2003), S. 133.

Die verhältnismäßig kleine Anzahl an Ereignisstudien, welche sich mit Equity Carve-Outs, Spin-offs und Sell-offs in Deutschland beschäftigen, werden in Tabelle 3 bis 6 dargestellt und anschließend genauer analysiert.[172]

Autoren	Jahr	Zeitraum	N	Intervall	CAAR
PELLENS	1993	1984-1991	11	[-14; +7] [-42; +49]	-3,25 %** -2,33%[k.A]
HASSELMANN	1997	1992-1994	11	[-35; +168] [-35; +0] [7; +168]	5,60%[k.A] 4,02%[k.A] 1,58%[k.A]
KASERER/AHLERS	2000	1984-1997	23	[-500; 0] [-50; 0] [-10; 0] [0; +10] [-500; +180]	26,88 %** 5,01 %** 0,28 %[n.s.] 0,4 %[n.s.] 18,3 %[n.s.]
ELSAS/LÖFFLER	2001	1984-2000	39	{0} [-5; +5] [-10; +10] [-20; +20]	1,08 %*** 3,98 %*** 4,05 %** k.A.
LÖFFLER	2001	1985-1996	19	[-10; +5] [-30; +10]	1,57 %[n.s.] 7,05 %***
STIENEMANN	2003	1989-2002	49	[-20; +20]	2,04 %[n.s.]
BARTSCH	2005	1997-2003	19	[-5; +5]	0,35 %[n.s.]

***, **, * = signifikant auf dem 1 %-, 5 %-, 10 %-Niveau; n.s. = nicht signifikant

Tabelle 4: Empirische Ergebnisse zu Equity Carve-Outs in Deutschland
Quelle: Vgl. Ostrowski (2008), S. 138-139; Stienemann (2003), S. 140.

Autoren	Jahr	Zeitraum	N	Intervall	CAAR
STIENEMANN	2003	1989-2002	3	{0}	0,4 %***
VELD/VELD-MERKOULVA	2004	1987-2000	13	[1; +1]	2,56%**
BARTSCH	2005	1997-2003	3	{0}	0,65 %**

***, **, * = signifikant auf dem 1 %-, 5 %-, 10 %-Niveau; n.s. = nicht signifikant

Tabelle 5: Empirische Ergebnisse zu Spin-Offs in Deutschland
Quelle: Vgl. Ostrowski (2008), S. 138-139; Stienemann (2003), S. 140.

---

[172] Hierbei handelt es sich um keine vollständige Aufstellung aller bisherigen Studien. Empirische Ergebnisse zu Tracking Stocks werden aufgrund ihrer geringen Relevanz nicht berücksichtigt.

Autoren	Jahr	Zeitraum	N	Intervall	CAAR
LÖFFLER	2001	1985-1996	92	[-30; +10] {0}	1,13 %* -0,02 %[n.s.]
EICHINGER	2001	1992-1997	123	{0} [-10;0] [-5; 0] [-3; 0] [-1; 0] [+1; +15] [0; +15]	0,68 %* 2,15 %** 1,64 %** 1,59 %*** 1,09 %** -0,03 % 0,65 %
STIENEMANN	2003	1989-2002	147	[-1; 0]	0,5 %***
BARTSCH	2005	1997-2003	118	[-30;+10]	-1,33 %[n.s.]

***, **, * = signifikant auf dem 1 %-, 5 %-, 10 %-Niveau; n.s. = nicht signifikant

Tabelle 6: Empirische Ergebnisse zu Sell-Offs in Deutschland
Quelle: Vgl. Ostrowski (2008), S. 138-139; Stienemann (2003), S. 140.

Zusammenfassend ist bei allen deutschen Studien - mit Ausnahme von Löffler - eine positive abnormale Rendite am Tag der Desinvestitions-Bekanntgabe festzustellen. Auch bei Löffler ergibt sich bereits am Folgetag eine positive abnormale Rendite.[173] Grundsätzlich kann somit davon ausgegangen werden, dass auch in Deutschland die Ankündigung einer Desinvestition zu einer positiven Aktienkursreaktion führt.

Betrachtet man jedoch nicht nur den Ankündigungszeitpunkt, sondern auch die mehrtägige bzw. kompletten Zeitintervalle, so ergeben durchaus weitere interessante Erkenntnisse. Zum einen beobachtet unter anderem Eichinger bereits unmittelbar vor dem Ankündigungszeitpunkt positive abnormale Renditen, was darauf schließen lassen könnte, dass der Ankündigungseffekt schon vor der eigentlichen Desinvestitions-Bekanntgabe von einigen Investoren vorweggenommen wird. Diese positive Entwicklung vor dem Ereigniszeitpunkt ist auch bei den US-Studien zu beobachten. Zum anderen lassen sich bei Betrachtung der Intervalle nach dem Ereigniszeitpunkt hingegen keine signifikanten positive Aktienkursentwicklungen mehr feststellen.[174]

„Bei der abnormalen Rendite am Ereignistage handelt es sich offenbar lediglich um einen Ankündigungseffekt [...] Während sich also mit Ausnahme des Ergebnisses von LÖFFLER bei Desinvestitionen ein Ankündigungseffekt feststellen

---

[173] Vgl. Löffler (2001), S. 163.
[174] Vgl. Ostrowski (2008), S. 146; Stienemann (2003), S. 180.

lässt, deuten jene über den Ereignistag hinausgehenden Subintervalle darauf hin, dass es sich allerdings nicht um eine nachhaltige Wertsteigerung zu handeln scheint."[175]

So stellt Ostrowski unmittelbar nach der Ankündigung teilweise negative abnormale Renditen fest, die auf eine Bewertungskorrektur (infolge einer Überreaktion am oder vor dem Ereignistag) hindeuten könnten.[176]

Aufgrund der Vielzahl an empirischen Studien und der zum Teil heterogenen Befunde, sind zwei Meta-Analysen zur Wertsteigerung von Desinvestitionen veröffentlicht worden, deren Ergebnisse im Folgenden kurz dargestellt werden.[177]

In der ersten Meta-Analyse wurden die Ergebnisse von 26 Ereignisstudien (weltweit) zu Spin-off Ankündigungen zusammengefasst. Dabei wurde im Ereigniszeitraum eine positive signifikante abnormale Rendite von durchschnittlich 3,02 Prozent festgestellt.[178] Zudem konnten einige Faktoren identifiziert werden, die eindeutig bzw. studienübergreifend positive Einflüsse auf die Überrendite aufweisen: „Returns are higher for larger spin-offs, for divestments that are tax or regulatory friendly and for spin-offs that lead to an improvement of industrial focus."[179]

Die zweite Meta-Analyse fasst die Ergebnisse von 64 Ereignisstudien (weltweit) zu Sell-Off Ankündigungen zusammen.[180] Auch hier wurde im Ereigniszeitraum eine positive signifikante abnormale Rendite von durchschnittlich 1,35 Prozent festgestellt und verschiedene Faktoren identifiziert, die sich positiv auf die Überrendite auswirken.[181] „Ein signifikant positiver Einfluss auf die Wertsteigerungen bei der Ankündigung von Sell-Offs entsteht, wenn die Desinvestitionserlöse an die Kapitalgeber ausgeschüttet werden, die Kaufpreiszahlung mittels Aktien des Erwerbers vorgenommen wird sowie ein Unternehmensteil mit einer mangelnden Rentabilität veräußert wird. Ebenso ist studienübergreifend ein signifikant positi-

---

[175] Ostrowski (2008), S. 146; vgl. auch Eichinger (2001), S. 169.

[176] Vgl. Ostrowski (2008), S. 201. Diese abnormalen negativen Renditen an den Folgetagen der Ankündigung sind jedoch nicht signifikant.

[177] Beide Meta-Studien fassen lediglich die Ankündigungseffekte zusammen. Langzeiteffekte werden u.a. aufgrund der eingeschränkten Vergleichbarkeit nicht miteinbezogen. Zu Equity Carve-outs gibt es bis dato keine Meta-Analyse.

[178] Vgl. Veld/Veld-Merkoulova (2008), S. 407

[179] ebenda.

[180] Vgl. Fischer et al. (2013), S. 157.

[181] Vgl. Fischer et al. (2013), S. 178.

ver Einfluss der relativen Transaktionsgröße, des inländischen Sitzes des Desinvestitionsobjektes so wie der Bekanntgabe des Verkaufspreises auf die Werteffekte bei der Ankündigung von Sell-Offs festzustellen."[182]

Die dargestellten empirischen Ergebnisse rechtfertigen die Aussage, dass sich Desinvestitionen zumindest kurzfristig mit ihrer Ankündigung positiv auf den Unternehmenswert auswirken können. Eine nachhaltige Unternehmenswertsteigerung durch Desinvestitionen ist empirisch jedoch nicht eindeutig nachweisbar.[183]

Betrachtet man hingegen die Kursentwicklung der (neuen) abgespaltenen Unternehmen, ergibt sich ein durchaus beeindruckendes Bild. Abbildung 9 vergleicht die Kursentwicklung des S&P-Spin-Off-Index mit dem S&P 500-Index über einen Zeitraum von fast zwölf Jahren. So hat der S&P Spin-Off-Index, welcher alle abgespaltenen und eigenständige börsennotierte Unternehmen enthält, deren Abspaltung nicht mehr als fünf Jahre zurückliegt und die über eine Marktkapitalisierung von über eine Milliarde US-Dollar aufweisen, den S&P 500 um fast 210 Prozent outperformed.[184]

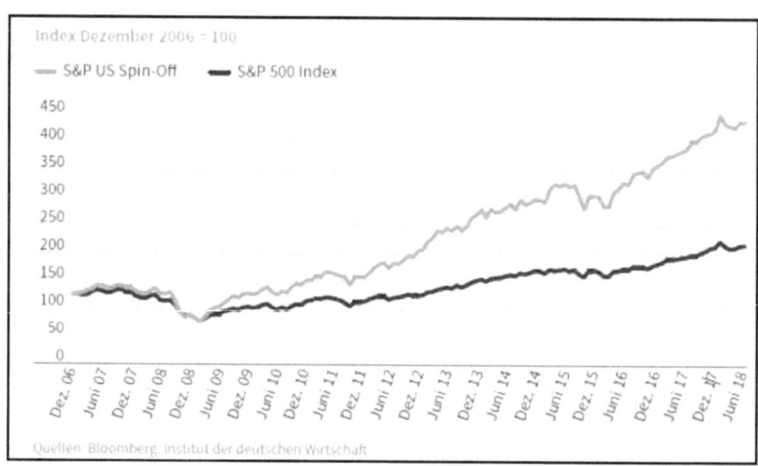

Abbildung 9: Entwicklung von Spin-offs am US-Aktienmarkt
Quelle: Röhl (2018), S. 110.

---

[182] Fischer et al. (2013), S. 160.

[183] Dies könnte u.a. auch daran liegen, dass es aufgrund der hohen Komplexität bzw. des langen Untersuchungszeitraumes sehr schwer ist, die Desinvestition isoliert als einzigen Einflussfaktor auf den Unternehmenswert zu betrachten.

[184] Vgl. Röhl (2018), S. 109-110.

7 Schlussbetrachtung

Ziel der vorliegenden Arbeit war es, die verschiedenen Motive und Instrumente von Desinvestitionen aufzuzeigen und herauszuarbeiten, ob und inwieweit Desinvestitionen zu einer (nachhaltigen) Unternehmenswertsteigerung beitragen können. Diese Wertsteigerung konnte zunächst theoretisch hergeleitet und anschließend anhand vorherrschender Ereignisstudien teilweise bestätigt werden.

Grundsätzlich sind freiwillige als auch erzwungene Desinvestitionen zu beobachten. So wird oftmals die Konzentration auf das Kerngeschäft, die Trennung von einem unrentablen Unternehmensteil oder die Finanzmittelbeschaffung als auch eine damit einhergehende höhere Kapitalmarktbewertung als Desinvestitions-Motiv angeführt. Als mögliche Instrumente stehen dafür der Sell-off, Spin-off, Equity Carve-Out sowie Tracking Stocks zur Verfügung. Diese unterscheiden sich durchaus in ihren Eigenschaften und je nach Ausgangslage und Situation des Konzerns sollte die Auswahl des Desinvestitionsinstrumentes anhand mehrerer Kriterien individuell auf deren Vorteilhaftigkeit geprüft werden.

Bis heute wird die Existenz eines Diversifikationsabschlages in der Literatur als strittig angesehen. Fest steht, dass durch eine Desinvestition die möglichen Vorteile und Wertquellen einer Diversifikation vollständig oder teilweise aufgegeben bzw. eliminiert werden. Andererseits können aber auch vorhandene Ineffizienzen oder Dyssynergien aus der Diversifikation aufgelöst werden.

Ein Kernargument, warum diversifizierte Konzerne jedoch an sich wertvernichtende Tendenzen aufweisen können und eine Desinvestition somit wertschaffend sein kann, liefert die Prinzipal-Agent-Theorie. So werden im Zuge einer Desinvestition die Konzernstrukturen verändert bzw. aufgelöst und die Informationsasymmetrien mit den einhergehenden Agency-Kosten entsprechend verringert. Ferner wurde festgestellt, dass der interne Kapitalmarkt Ineffizienzen aufweist und zunehmenden an Wert verliert. Des Weiteren führt eine Desinvestition zu mehr Transparenz und Informationsversorgung für externe Investoren, was die Attraktivität dieser Unternehmen entsprechend erhöht. Neben einer Leistungssteigerung des Managements wurden darüber hinaus auch noch Signalingeffekte und Vermögensverlagerungen als theoretische Erklärungsansätze zur Unternehmenswertsteigerung durch Desinvestitionen identifiziert.

Die theoretischen Argumentationen zur Wertsteigerung können auch zum Teil auf Basis der vorherrschenden empirischen Studien bestätigt werden. Mit Hilfe einer Ereignisstudie wurde dabei der Ankündigungseffekt einer Desinvestition anhand der Aktienkursreaktion untersucht. Dementsprechend wird eine Unternehmenswertsteigerung immer dann angenommen, wenn sich eine positive abnormale Rendite ergibt und sich somit der Shareholder Value erhöht.

Sowohl in den US-amerikanischen als auch in den deutschen Studien konnte für den Ereigniszeitraum überwiegend eine positive signifikante abnormale Rendite beobachtet werden. Allerdings könnte es sich hierbei, entgegen den theoretischen Erklärungsansätzen, nur um einen Ankündigungseffekt handeln. Über eine nachhaltige Unternehmenswertsteigerung kann empirisch keine bzw. nur eingeschränkt eine Aussage getroffen werden, da eine vollständige Abgrenzung zu anderen kursbeeinflussenden Faktoren umso unwahrscheinlicher wird, je länger der Untersuchungszeitraum ist.

Den theoretischen Argumentationen zur nachhaltigen Unternehmenswertsteigerung stehen somit keine aussagekräftigen empirischen Ergebnisse gegenüber. Die Frage, ob Desinvestitionen den Unternehmenswert steigern, kann deshalb nicht eindeutig beantwortet werden. So gibt es durchaus plausible Erklärungsansätze, die eine Wertsteigerung in Aussicht stellen, und auch empirisch kann eine positive abnormale Rendite bei Ankündigung der Desinvestition bestätigt werden. Eine nachhaltige Unternehmenswertsteigerung kann jedoch nicht eindeutig nachgewiesen werden. Die positive Entwicklung von Spin-offs auf dem US-Aktienmarkt könnte jedoch darauf hindeuten, dass zumindest die abgespaltenen Unternehmensteile von der Desinvestition profitieren und dort nachhaltig Werte geschaffen wurden.

Dennoch scheinen Desinvestition mittlerweile ein etabliertes und wichtiges Instrument am Kapitalmarkt zu sein und Konzerne, die bestrebt sind, den Shareholder Value zu steigern, sollten kontinuierlich ihre Konzernstruktur bzw. ihr Beteiligungsportfolio auf Wertsteigerungspotentiale durch Desinvestitionen überprüfen. Auch die gezielten Forderungen von aktivistischen Investoren, die in Konglomeraten wertvernichtende Tendenzen sehen, werden die Thematik der Desinvestition bzw. Restrukturierung weiterhin vorantreiben.

Literaturverzeichnis

Achleitner, Ann-Kristin und Wahl, Simon (2003): Corporate Restructuring in Deutschland. Eine Analyse der Möglichkeiten und Grenzen der Übertragbarkeit US-amerikanischer Konzepte wertsteigernder Unternehmensrestruk-turierungen auf Deutschland. Sternenfels.

Alexander, Gordon J.; Benson, P. George und Kampmeyer, Joan M. (1984): Investigating the Valuation Effects of Announcements of Voluntary Corporate Selloffs. In: The Journal of Finance, Vol. 39 (2), S. 503-517.

Amihud, Yakov und Lev, Baruch (1981): Risk Reduction as a Managerial Motive for Conglomerate Mergers. In: The Bell Journal of Economics, Vol. 12 (2), S. 605-617.

Anslinger, Patricia et al. (1997): Equity Carve-outs: A new spin on the corporate structure. In: The McKinsey Quarterly, No.1, 1997, S. 165-172.

Arrow, Kenneth (1984): The Economics of Agency. In: Pratt, W.J.; Zeckhauser R.J. (Hrsg.): Principals and Agents: the structure of business, Cambridge, S. 37-51.

Bartsch, Daniel (2005): Unternehmenswertsteigerung durch strategische Desinves-titionen: Eine Ereignisstudie am deutschen Kapitalmarkt. Dissertation. 1. Aufl., Wiesbaden.

Berger, Philip G. und Ofek, Eli (1995): Diversification's effect on firm value. In: Journal of Financial Economics, Vol. 37 (1), S. 39–65.

Böllhoff, Daniel und Brast, Christoph (2009): Desinvestition als Instrument der strategischen Unternehmensplanung. In: Littkemann, Jörn (Hrsg.), Beteili-gungscontrolling – Ein Handbuch für die Unternehmens- und Beratungspra-xis, Band II: Strategische und operative Unternehmensführung im Beteili-gungscontrolling, 2., vollst. überarb. und erw. Aufl., Herne, S. 342-370.

Boreiko, Dmitri und Murgia, Maurizio (2016): Corporate Governance and Restructuring Through Spin-Offs: European Evidence. In: Ted Azarmi und Wolfgang Amann (Hg.): The Financial Crisis. Implications for Research and Teaching, Bd. 71. Cham: Springer International Publishing, S. 7–47.

Bowman, Robert G. (1983): UNDERSTANDING AND CONDUCTING EVENT STUDIES. In: Journal of Business Finance & Accounting, Vol. 10 (4), S. 561–584.

Brusco, Sandro und Panunzi, Fausto (2005): Reallocation of corporate resources and managerial incentives in internal capital markets. In: European Econo-mic Review, Vol. 49 (3), S. 659–681.

Bücker, Till (2019): Dax-Konzern im Würgegriff aktivistischer Investoren, URL: https://boerse.ard.de/boersenwissen/boersengeschichte-n/dax-konzern-im-wuergegriff-aktivistischer-investoren100.html, abgerufen am 09.08.2019.

Bühner, Thomas. (2004): Unternehmensabspaltungen als Wertsteigerungs-instru-ment: Eine empirische Untersuchung von Equity Carve-outs und Spin-offs in Europa. Dissertation. Hamburg.

Charifzadeh, Michel (2002): Corporate Restructuring: Ein wertorientiertes Ent-scheidungsmodell. Dissertation. Lohmar.

CNNMoney (1999): Dupont sets Conoco terms, URL: https://money.cnn.com/1999/07/09/companies/dupont/, abgerufen am 03.06.2019.

Daley, Lane; Mehrotra, Vikas und Sivakumar, Ranjini (1997): Corporate focus and value creation evidence from spinoffs. In: Journal of Financial Econom-ics, Vol. 45 (2), S. 257–281.

Defren, Timo (2009): Desinvestitions-Management: Erfolgsfaktoren in der Ver-handlungsphase eines Sell-Offs. Dissertation. Wiesbaden.

Dixon, Huw David (1994): Inefficient Diversification in Multi-Market Oligopoly with Diseconomies of Scope. In: Economica, Vol. 61 (242), S. 213-219.

Eichinger, Andreas (2001): Desinvestitionen in Deutschland: Eine empirische Un-tersuchung der Kapitalmarktreaktionen auf die Ankündigung von sell-offs. Dissertation. Karlsruhe.

Erdorf, Stefan et al. (2013): Corporate diversification and firm value: a survey of recent literature. In: Financial Markets and Portfolio Management, Vol. 27 (2), S. 187–215.

Fischer, Thomas et al. (2013): Wertsteigerung durch Sell-Offs: Eine Meta-Analyse. In: Journal für Betriebswirtschaft, Vol. 63 (3), S. 157–205.

Fröndhoff, Bernd et at (2019): Bayer stellt auch die Tiermedizin zum Verkauf – Deal für Chemieparks rückt näher, Handelsblatt, URL: https://www.handelsblatt.com/unternehmen/industrie/chemiekonzern-bayer-stellt-auch-die-tiermedizin-zum-verkauf-deal-fuer-chemieparks-rueckt-naeher/24327476.html, abgerufen am 09.06.2019.

Funke, Andreas (2006): Konglomeratsabschlag und Transaktionskostentheorie: Theoretische Erklärung und empirische Befunde in Europa. Dissertation.Wiesbaden.

Gaughan, Patrick A. (2007): Mergers, acquisitions, and corporate restructurings. 4. Aufl., New York.

Gertner, Robert H.; Scharfstein, David S. und Stein, Jeremy C. (1994): Internal versus External Capital Markets. In: Quarterly Journal of Economics, Vol. 109 (Nov), S. 1211-1230.

Gilson, Stuart C. et al. (1997): Information Effects of Spin-Offs, Equity Carve-Outs, and Targeted Stock Offerings, S. 1-31.

Gilson, Stuart C. et al. (2001): Analyst Specialization and Conglomerate Stock Breakups. In: Journal of Accounting Research, Vol. 39 (3), S. 565-582.

Hachmeister, Dirk (2000): Der Discounted Cash Flow als Maß der Unternehmenswertsteigerung. Dissertation. 4. Aufl., Frankfurt am Main.

Handelsblatt (2015): Ebay spaltet Paypal ab, URL: https://www.handelsblatt.com/unternehmen/dienstleister/bezahldienst-ebay-spaltet-paypal-ab/11981656.html?ticket=ST-2966151-uCXmaNo7LWVtmrmeW1GO-ap2, abgerufen am 03.07.2019.

Hite, Gailen L. und Owers, James E. (1983): Security price reactions around corporate spin-off announcements. In: Journal of Financial Economics, Vol. 12 (4), S. 409–436.

Hite, Gailen L.; Owers, James E. und Rogers, Ronald C. (1987): The market for interfirm asset sales: Partial sell-offs and total liquidations. In: Journal of Fi-nancial Economics, Vol. 18 (2), S. 229–252.

Huson, Mark R. und MacKinnon, Gregory (2003): Corporate spinoffs and information asymmetry between investors. In: Journal of Corporate Finance, Vol. 9 (4), S. 481–503.

Jain, Prem C. (1985): The Effect of Voluntary Sell-Off Announcements on Shareholder Wealth. In: The Journal of Finance, Vol. 40 (1), S. 209-224.

Jensen, Michael C. (1986): Agency Costs of Free Cash Flow, Corporate Finance, and Takeovers. In: The American Economic Review, Vol. 76 (2), S. 323–329.

Jensen, Michael C. und Meckling, William H. (1976): Theory of the firm: Manage-rial behavior, agency costs and ownership structure. In: Journal of Financial Economics, Vol. 3 (4), S. 305–360.

John, Kose und Ofek, Eli (1995): Asset sales and increase in focus. In: Journal of Financial Economics, Vol. 37 (1), S. 105–126.

Kaserer, Christoph und Ahlers, Martin (2000): Kursreaktionen anläßlich der Börseneinführung von Toch-terunternehmen - Signaling oder verbesserte Unternehmenskontrolle in Kon-zernen? In: Schmalenbachs Zeitschrift betriebswirtschaftlicher Forschung, Vol. 6, S. 537–570.

Köhn, Rüdiger (2018): URL: https://www.faz.net/aktuell/wirtschaft/unternehmen/joe-kaeser-baut-siemens-mit-seiner-vision-2020-um-15725543.html, abgerufen am 01.08.2019.

Landgraf, Robert und Kerkmann, Christof (2019): Aktivistischer Investor Elliott fordert Aufspaltung von Scout24, URL: https://www.handelsblatt.com/technik/it-internet/plattformbetreiber-aktivistischer-investor-elliott-fordert-aufspaltung-von-scout24/24871672.html?ticket=ST-6665566-NWHv92IBgcCItRGduJsD-ap5, abgerufen am 09.08.2019

Lang, Larry; Poulsen und Annette; Stulz, René (1995): Asset sales, firm performance, and the agency costs of managerial discretion. In: Journal of Financial Economics, Vol. 37 (1), S. 3–37.

Levy, Hai und Sarnat, Marshall (1970): International Diversification of Investment Portfolios. In: American Economic Review, Vol. 60 (4), S. 668–675.

Löffler, Y. (2001): Desinvestitionen durch Verkäufe und Börseneinführungen von Tochterunternehmen: Eine empirische Untersuchung der Bewertung am deutschen Kapitalmarkt. Dissertation. Lohmar.

Manager Magazin (2014): Carl Icahn triumphiert, Jack Ma lauert, URL https://www.manager-magazin.de/digitales/it/trennung-ebay-spaltet-paypal-ab-carl-icahn-hat-sich-durchgesetzt-a-994683.html, abgerufen am 03.07.2019.

Manager Magazin (2018): Siemens Healthineers schafft erfolgreiches Debüt, URL: https://www.manager-magazin.de/unternehmen/industrie/siemens-healthineers-boersengang-der-siemens-tochter-zu-28-euro-je-aktie-a-1198382.html, abgerufen am 10.06.2019.

Markides, Constantinos C. (1997): TO DIVERSIFY OR NOT TO DIVERSIFY - The rewards and risks of diversifying are extraordinary. How can managers reduce the gamble in such a high-stakes game? By answering six questions that will allow them to assess the chances of success in new markets. In: Harvard business review, Vol. 75 (6), S. 93–99.

Mathesius, J. (2004): Wertmanagement durch die Börseneinführung von Tochter-unternehmen: Eine empirische Studie. Dissertation. Hamburg.

Meyer, Margaret; Milgrom, Paul und Roberts, John (1992): Organizational Prospects, Influence Costs, and Ownership Changes. In: Journal of Economics & Management Strategy, Vol. 1 (1), S. 9–35.

Michaely, Roni und Shaw, Wayne H. (1995): The Choice of Going Public: Spin-offs vs. Carve-outs. In: Financial Management, Vol. 24 (3), S. 5-21.

Mittnacht, J. (2006): Die Kapitalmarktbewertung von Desinvestitionen: Eine Er-eignisstudie über Selloffs und Unit Buyouts in Kontinentaleuropa. Disserta-tion. Sternenfels.

Myers, Stewart C. und Majluf, Nicholas S. (1984): Corporate financing and investment decisions when firms have information that investors do not have. In: Journal of Financial Economics, Vol. 13 (2), S. 187–221.

Nanda, Vikram (1991): On the Good News in Equity Carve-Outs. In: The Journal of Finance, Vol. 46 (5), S. 1717-1737.

Nixon, Terry d.; Roenfeldt, Rodney L. und Sicherman, Neil W. (2000). In: Review of Quantitative Finance and Accounting, Vol. 14 (3), S. 277–288.

Ostrowski, Olivia (2008): Erfolg durch Desinvestitionen. Dissertation. Wiesbaden.

Perreiro Méndez, S. (2003): "Equity carve out" als Desinvestitionsinstrument zur Steigerung des Unternehmenswertes. Dissertation. Aachen.

Powers, Eric A. (2001) Spinoffs, Selloffs and Equity Carveouts: An Analysis of Divestiture Method Choice. South Carolina. (Working Paper South Carolina University)

Rajan, Raghuram; Servaes, Henri und Zingales, Luigi (2000): The Cost of Diversi-ty: The Diversification Discount and Inefficient Investment. In: The Journal of Finance, Vol. 55 (1), S. 35–80.

Rappaport, Alfred; Klien, Wolfgang (1999): Shareholder value. Ein Handbuch für Manager und Investoren. 2., vollst. überarb. und aktualisierte Aufl., Stutt-gart.

Rauscher, Marion (URL): Tracking Stock, Gabler-Banklexikon, URL: https://www.gabler-banklexikon.de/definition/tracking-stock-61904, abgerufen am 22.07.2019.

Rechsteiner, U. (1995): Desinvestitionen zur Unternehmenswertsteigerung. Dissertation. Aachen.

Röhl, Klaus-Heiner (2018): Unternehmensaufspaltungen: Ökonomische Aspekte eines globalen Trends. In: IW-Trends – Vierteljahresschrift zur empirischen Wirtschaftsforschung, Vol. 45 (3), S. 97–115.

Rosenfeld, James d. (1984): Additional Evidence on the Relation Between Divestiture Announcements and Shareholder Wealth. In: The Journal of Finance, Vol. 39 (5), S. 1437-1448.

Rustige, Marc und Grote, Michael H. (2008): Der Einfluss von Diversifikationsstrategien auf den Aktienkurs deutscher Unternehmen. Frankfurt am Main. (Working Paper Series: Finance & Accounting, No. 186).

Scharfstein, David S. und Stein, Jeremy C. (2000): The Dark Side of Internal Capital Markets: Divisional Rent-Seeking and Inefficient Investment. In: The Journal of Finance, Vol. 55 (6), S. 2537–2564.

Schipper, Katherine und Smith, Abbie (1983): Effects of recontracting on shareholder wealth: The case of voluntary spin-offs. In: Journal of Financial Eco-nomics, Vol. 12 (4), S. 437–467.

Schmitt, Julia (2016): Uniper konkretisiert Börsenpläne, Finance Magazin, URL: https://www.finance-magazin.de/finanzierungen/kapitalmarkt/uniper-konkretisiert-boersenplaene-1387181/, abgerufen am 09.06.2019.

Shleifer, Andrei und Vishny, Robert W. (1989): Managerial Entrenchment: The Case of Manager-Specific Investments. In: Journal of Financial Economics, Vol. 25 (1), S. 123-139.

Stein, Jeremy C. (1997): Internal Capital Markets and the Competition for Corporate Resources. In: The Journal of Finance, Vol. 52 (1), S. 111-133.

Stienemann, M. (2003): Wertsteigerung durch Desinvestitionen. Dissertation. Göttingen.

Veld, Chris H. und Veld-Merkoulova, Yulia v. (2008): Value Creation Through Spin-Offs: A Review of the Empirical Evidence. In: International Journal of Management Reviews, S. 407-420.

Vijh, Anand M. (2002): The Positive Announcement-Period Returns of Equity Carveouts: Asymmetric Information or Divestiture Gains? In: Journal of Business, Vol. 75 (1), S. 153–190.

Vollmar, J. (2014): Spin-offs, Diversifikation und Shareholder Value. Dissertation. Wiesbaden.

Wirtz, Bernd W. und Wecker Roman M. (2006) Struktur und Ablauf des Demerger-Managements. In: Wirtz, Bernd W. (Hrsg.): Handbuch Mergers & Acquisitions Management. Wiesbaden, S. 1169-1180.

Wright, Charlotte J und Groff, James E. (1986): Uses of Indexes and Data Bases for Information Release Analysis. In: The Accounting Review. Vol. 61 (1), S. 91–100.

Wulf, Julie (2009): Influence and inefficiency in the internal capital market. In: Journal of Economic Behavior & Organization, Vol. 72 (1), S. 305–321.